A Practical Tutorial on Identification
Of National High-tech Enterprise

国家高新技术企业认定实务教程

黄小栋　编著

复旦大学出版社

序 一
发展高新技术企业势在必行

科学是发展的重要内在推动力,创新又是企业发展的根本动力。世界科技发展的实践告诉我们:一个国家只有拥有强大的自主创新能力,才能在激烈的国际竞争中把握先机、赢得主动。

伟大领袖毛主席曾经指出:"科学技术这一仗,一定要打,而且必须打好。过去我们打的是上层建筑的仗,是建立人民政权、人民军队。建立这些上层建筑干什么呢?就是要搞生产。搞上层建筑、搞生产关系的目的就是解放生产力。现在生产关系是改变了,就要提高生产力。不搞科学技术,生产力无法提高。"在当代经济发展的浪潮中,一家企业想要走在行业和时代的前沿,也要靠科学技术来提升生产力,从而让企业快速提升价值。

习近平总书记在党的十九大报告中指出,创新是引领发展的第一动力,是建设现代化经济体系的战略支撑。近几年来,"知识""科技""创新"已经成为当下热门词汇,社会的进步需要新生力量的崛起,高新技术企业的诞生和发展正在悄然改变着社会的产业结构。高新技术企业以其独创性、低能耗、高附加等特点成为大家竞相发展的产业。

高新技术企业是科技创新企业的领头羊,发展和培育高新技术企业是我国科技发展的一项重要举措。国家科技部早在2008年就相继出台了《高新技术企业认定管理办法》及《高新技术企业认定管理指引》等政策性文件,支持和鼓励中国高新技术产业的发展。中国高新技术企业经过30年的发展,逐渐成为推动国民经济发展的重要组成部分。国家不断在加大对科技型企业,特别是中小企业的政策扶持,有力推动"大众创业、万众创新",培育创造新技术、新业态和提供新供给的生力军,促进经济升级发展。因此,在中国的每一位企业家都需肩负一种使命感,顺势而为,按照国家的评定标准努力将自己的企业打造成高新技术企业。

在我自己多年的创业及企业孵化历程中,实实在在地见证了申请成为高新技术企业为企业发展带来的利好和优势:促进了企业的科技转型、提升了企业的品牌形象、享受到国家给予的税收减免优惠、提高了企业的市场价值和资本价值。在未来,高新技术企业认定必将引导企业调整产业结构,走自主创新、持续创新的发展道路,激发企业自主创新的热情,提高科技创新能力。我相信此书可以帮助更多的企业家提升对高新技术企业评定的认知,从而提升信心,为企业的科创发展奠定良好的基础。

上海雄九投资控股(集团)有限公司董事局主席

2018 年 3 月 5 日

序 二
一把"金钥匙"

当制造业从传统的减材模式向以用户定制的 3D 增材模式转化;当专家系统逐渐被以大数据为支撑的人工智能所替代,技术创新所引发的变革已不容小觑。作为创新主体的企业也必须面对专利灌丛、商标林立等等以知识产权保护市场竞争优势的外部环境。知识产权制度作为创新激励政策,为企业有效获得创新成果、促进创新成果运营、实现市场有序竞争力提供了制度保障。在全球经济趋于一体化的背景下,企业内部的技术研发、创新成果和成果实施与转化所构成的创新体系,与外部的知识产权制度呼应,创新不仅是企业创新发展的动力,更是企业获得盈利的源动力。

高新技术企业认定是实现对企业创新引导的有利政策手段。高新技术企业认定以国家支持的高新技术领域内的企业实现技术优先发展为导向,对满足条件的企业予以所得税优惠的方式激励企业创新的政策。毫无疑问,高新技术企业认定不仅是对企业所处行业重要性的肯定,更鉴于技术创新风险,以所得税优惠的方式减缓企业研发负担,是创新型高技术企业实现轻装创新的实惠政策。就高新技术企业认定而言,技术创新能力当然是高新技术企业认定的核心所在。然而,创新能力作为企业的隐含因素,外化于企业的技术管理体系、技术研发投入、技术人员占比、知识产权、技术成果实施与转化等等庞杂和专业的指标表征之上。

《国家高新技术企业认定实务教程》一书,以平实之语、严谨之格,详尽介绍了高新技术企业认定的条件、流程、指标等等,具体解读了最新权威政策、方针的动向;图文并茂地分析了具体的评价指标要素;结合实例,针对高技术企业认定中的难点、误区,对症施药;简言之,为有效实现引领、契入高技术企业申报提供了"钥匙",是一部实践性极强的宝典。本书巧妙地以高新技术认定为"抓手",也可作为企业自查其各类创新指标和自我评价创新指标的标准。

对高新技术企业的评定包含国际范儿的知识产权与收益源动力的创新能力的各项指

标,涉及知识产权、财务、技术等诸多部门和内容,《国家高新技术企业认定实务教程》一书的编写团队将积累的宝贵经验与企业分享。这仅仅是一个善的开始,相信不久必将呈现更为丰富的成果。

愿吉祥! 李秀娟

于松江 华政园

2018 年 3 月 1 日

目 录

第一章 绪论
1.1 历史背景与国家政策 / 1
    1.1.1 历史背景 / 1
    1.1.2 关于修订印发《高新技术企业认定管理办法》的通知 / 1
    1.1.3 关于贯彻落实《高新技术企业认定管理办法》的通知 / 2
    1.1.4 关于修订印发《高新技术企业认定管理工作指引》的通知 / 3

1.2 高新技术企业概论 / 4
    1.2.1 高新技术 / 4
    1.2.2 什么是高新技术企业 / 4

1.3 高新技术企业认定管理办法 / 4
    1.3.1 《高新技术企业认定管理办法》及《工作指引》的变化 / 4
    1.3.2 对2016版条款的认识及申报要求 / 5

1.4 高新技术企业认定的好处 / 8

1.5 高新技术企业的扶持政策 / 8
    1.5.1 企业所得税优惠政策 / 8
    1.5.2 人才政策 / 10
    1.5.3 科技项目扶持政策 / 11

1.6 拟申报高新技术企业初步调查表 / 12

第二章 高新技术企业认定速读
2.1 企业创新能力评价 / 14
2.2 专家组评价表解读 / 17
2.3 高新技术企业申报数据勾兑表 / 20
2.4 提交纸质资料目录 / 22

2.5　申报条件及注意事项 / 22

第三章　企业的研发及费用归集
3.1　企业研发活动的确定 / 25
3.2　企业科技人员占比 / 26
3.3　企业研究开发费用的归集与占比 / 27
3.4　企业研发费用核算实务 / 29
3.5　企业研发费用的加计扣除 / 30
3.6　高新技术企业研发费用核算与
　　　加计扣除核算的异同点 / 33

第四章　知识产权基础知识
4.1　知识产权基础 / 35
　　4.1.1　知识产权的定义 / 35
　　4.1.2　知识产权的特点 / 35
　　4.1.3　知识产权对企业的重要性 / 36
4.2　专利基础知识 / 37
　　4.2.1　专利的定义与特点 / 37
　　4.2.2　企业申请专利的好处 / 38
　　4.2.3　专利的类型 / 40
　　4.2.4　授予专利权的实质性条件 / 41
　　4.2.5　不授予专利权的对象 / 42
　　4.2.6　专利的法律保护 / 46
　　4.2.7　专利申请流程 / 47
　　4.2.8　专利撰写方法与技巧 / 48
4.3　软件著作权的保护 / 49
　　4.3.1　软件著作权的基本概念 / 49
　　4.3.2　软件著作权的登记流程 / 50
4.4　商标的保护 / 51
　　4.4.1　商标概述 / 51
　　4.4.2　商标注册的条件 / 53

　　　　4.4.3　商标对于企业的重要性 / 54
　4.5　其他知识产权的保护 / 58
　　　　4.5.1　国防专利 / 58
　　　　4.5.2　植物新品种 / 58
　　　　4.5.3　集成电路布图设计专有权 / 59
　　　　4.5.4　国家级农作物品种 / 59
　　　　4.5.5　国家新药 / 59
　　　　4.5.6　国家一级中药保护品种 / 60

第五章　企业的科技成果转化能力

　5.1　科技成果的定义 / 61
　5.2　科技成果转化形式 / 61
　5.3　科技成果转化结果 / 62
　5.4　科技成果转化能力打分标准 / 62

第六章　企业研究开发组织管理水平

　6.1　高新技术企业认定条件 / 71
　6.2　研发组织管理制度及研发投入核算体系建设 / 71
　　　　6.2.1　研发组织管理制度 / 71
　　　　6.2.2　研发投入核算体系建设 / 76
　6.3　设立研发机构及产学研合作 / 82
　6.4　科技成果转化制度与创新创业平台建设 / 85
　6.5　科技人才的队伍建设 / 89

第七章　企业的成长性

　7.1　关键术语与指标解读 / 99
　　　　7.1.1　高新技术产品（服务）与主要产品（服务）/ 99
　　　　7.1.2　高新技术产品（服务）收入占比 / 99
　　　　7.1.3　总收入和销售收入 / 99
　　　　7.1.4　净资产增长率与销售收入增长率 / 100
　7.2　上年度高新技术产品（服务）情况 / 100

第八章 高新技术企业认定申报中的若干问题解读

8.1 高新技术企业认定申报有关流程 / 102

    8.1.1 高新技术企业认定工作流程 / 102

    8.1.2 高新技术企业更名流程 / 104

    8.1.3 高新技术企业资格的取消与保留 / 105

8.2 企业各部门分工 / 106

8.3 认定申报实务中的共性问题解析 / 107

8.4 纸质申请材料编制要求 / 110

8.5 中介机构的资质要求与选择 / 111

第九章 高新技术企业实证分析

9.1 企业概况 / 112

9.2 自我评价 / 112

9.3 核心自主知识产权 / 113

9.4 高新技术产品 / 114

9.5 科技与研发人员 / 114

9.6 高新技术产品收入 / 116

9.7 四项指标评估 / 116

9.8 总体评价 / 119

第十章 科技小巨人工程

10.1 关于印发《上海市科技小巨人工程实施办法》的通知 / 120

10.2 上海市科技小巨人企业(含培育)申请书 / 124

10.3 上海市 2017 年度"科技企业创新能力提升计划"项目申报工作的通知 / 131

参考文献 / 136

后记 / 137

第一章
绪　　论

1.1　历史背景与国家政策

1.1.1　历史背景

党的十七大报告明确提出了我国的发展战略：提高自主创新能力，建设创新型国家。为全面贯彻落实党的十七大精神，在建设创新型国家的战略指引下，科技部、财政部、国家税务总局在总结以往高新技术企业认定管理工作的基础上，于 2008 年 7 月 8 日正式印发《高新技术企业认定管理工作指引》(国科发火〔2008〕362 号)，制定了高新技术企业优惠政策，大力提升我国高新技术企业的自主创新能力，实现产业升级发展。

根据《中华人民共和国企业所得税法》及其实施条例有关规定，为加大对科技型企业特别是中小企业的政策扶持，有力推动大众创业、万众创新，培育创造新技术、新业态和提供新供给的生力军，促进经济升级发展，科技部、财政部、国家税务总局对原《高新技术企业认定管理办法》进行了修订完善。经国务院批准，新修订的《高新技术企业认定管理办法》(国科发火〔2016〕32 号，以下称《认定办法》)，于 2016 年 1 月 1 日开始实施，原《高新技术企业认定管理办法》(国科发火〔2008〕172 号)同时废止。

1.1.2　关于修订印发《高新技术企业认定管理办法》的通知

科技部　财政部　国家税务总局
关于修订印发《高新技术企业认定管理办法》的通知
国科发火〔2016〕32 号

各省、自治区、直辖市及计划单列市科技厅(委、局)、财政厅(局)、国家税务局、地方税务局：

根据《中华人民共和国企业所得税法》及其实施条例有关规定，为加大对科技型企业特别是中小企业的政策扶持，有力推动大众创业、万众创新，培育创造新技术、新业态和提供新供给的生力军,促进经济升级发展,科技部、财政部、国家税务总局对《高新技术企业认定管理办法》进行了修订完善。经国务院批准,现将新修订的《高新技术企业认定管理办法》印发给你们,请遵照执行。

科技部　财政部　国家税务总局
2016年1月29日

1.1.3　关于贯彻落实《高新技术企业认定管理办法》的通知

国家税务总局关于贯彻落实《高新技术企业认定管理办法》的通知
税总函〔2016〕74号

各省、自治区、直辖市和计划单列市国家税务局、地方税务局：

经国务院批准,科技部、财政部、国家税务总局联合修订印发了《高新技术企业认定管理办法》(以下简称《认定办法》)。为做好认定办法的贯彻落实工作,现就有关问题通知如下：

一、高度重视,确保政策全面落实

高新技术企业税收优惠政策是供给侧结构性改革的重要举措,是加快产业结构调整、促进经济提质增效的重要推手。优惠政策"含金量"大,社会关注度高,税务机关要统一思想,高度重视,统筹谋划,扎实部署,建立科学有序、衔接顺畅的工作机制,既要加强内部各部门、各环节之间的配合,又要注重与科技、财政等部门的沟通,形成合力。要通过优化服务,简政放权,为纳税人享受税收优惠政策营造良好环境,降低纳税人享受税收优惠的成本,充分释放政策红利,将对企业的税收优惠转化为鼓励市场主体加大研发投入、提高创新水平的强大动力。

二、广泛宣传,保证企业应享尽知

既要通过报纸杂志、税务网站、办税服务厅等传统媒介,又要充分利用微博、微信等新媒体,因地制宜地开展政策宣传,提升宣传深度和广度,确保纳税人及时准确掌握统一的政策口径。要将政策规定、认定程序、申报条件、管理方式等内容及时充实到12366知识库,规范12366热线人员答复口径,保证政策解释权威准确、口径统一、容易理解。要加大税务机关内部培训力度,着力提升税务干部的业务素质,确保其能准确、迅速掌握和落实政策。要与科技、财政部门之间建立顺畅的沟通机制,发挥部门合力,及时收集、发现政策执行中存在的问题,共同研究,妥善解决,防止出现多头管理、互相推诿的现象,确保政策全面落地。

三、简化程序,切实降低办税成本

简化备案程序,严格按照《国家税务总局关于发布〈企业所得税优惠政策事项办理办法〉的公告》(国家税务总局公告2015年第76号)的规定,认真做好所得税优惠政策备案和后续管理工作,不得以任何理由变相审批。

各地税务机关还要加强联系、信息共享,采取有效手段,对跨认定机构管理区域迁移的高新技术企业实现管理的无缝对接,降低纳税人的涉税成本。

四、强化统计,做好政策效应分析

结合高新技术企业认定情况和享受优惠情况,用好用活现有数据,扎实做好统计分析工作。及时、全面掌握高新技术企业认定的户数、享受优惠的户数及优惠金额等数据,认真进行政策效应分析,及时发现问题,全面实施政策落实情况的跟踪问效,为进一步完善政策、加强管理提供参考依据,为国家经济升级发展建言献策。

国家税务总局
2016 年 2 月 18 日

1.1.4　关于修订印发《高新技术企业认定管理工作指引》的通知

科技部　财政部　国家税务总局
关于修订印发《高新技术企业认定管理工作指引》的通知
国科发火〔2016〕195 号

各省、自治区、直辖市及计划单列市科技厅(委、局)、财政厅(局)、国家税务局、地方税务局:

根据《高新技术企业认定管理办法》(国科发火〔2016〕32 号,以下称《认定办法》)第二十一条的规定,现将《高新技术企业认定管理工作指引》(以下称《工作指引》)印发给你们,并就有关事项通知如下:

一、2016 年 1 月 1 日前已按《高新技术企业认定管理办法》(国科发火〔2008〕172 号,以下称 2008 版《认定办法》)认定的仍在有效期内的高新技术企业,其资格依然有效,可依照《企业所得税法》及其实施条例等有关规定享受企业所得税优惠政策。

二、按 2008 版《认定办法》认定的高新技术企业,在 2015 年 12 月 31 日前发生 2008 版《认定办法》第十五条规定情况,且有关部门在 2015 年 12 月 31 日前已经做出处罚决定的,仍按 2008 版《认定办法》相关规定进行处理,认定机构 5 年内不再受理企业认定申请的处罚执行至 2015 年 12 月 31 日止。

三、本指引自 2016 年 1 月 1 日起实施。原《高新技术企业认定管理工作指引》(国科发火〔2008〕362 号)、《关于高新技术企业更名和复审等有关事项的通知》(国科火字〔2011〕123 号)同时废止。

科技部　财政部　国家税务总局
2016 年 6 月 22 日

1.2　高新技术企业概论

1.2.1　高新技术

高新技术是高技术的延伸。高技术一词,其英文译为"high technology",简称为"high-tech",该词20世纪70年代起源于美国。《韦氏国际辞典》中,高新技术被定义为"使用或包含尖端方法或仪器用途的技术"。学术界认为,高新技术是对一类产品的技术评价术语,通常可根据研究和开发(R&D)经费占产品销售额的比例、科技人员占企业职工总数的比重、产品技术复杂程度等指标来界定,当这些指标超过一定标准时就可称为高新技术。通常,高新技术是与自然科学相对应的,社会科学一般不谈高新技术。

1.2.2　什么是高新技术企业

高新技术企业是指在《国家重点支持的高新技术领域》内,持续进行研究开发与技术成果转化,形成企业核心自主知识产权,并以此为基础开展经营活动,在中国境内(不包括港、澳、台地区)注册一年以上的居民企业。

与一般企业相比,高新技术企业具有明显特征:更注重技术创新、更倚重科技人员与研发团队、研究与开发的投入更大、不依赖资源投入,将技术突破作为主要发展手段。基于高新技术企业的本质,高新技术企业具有与传统企业不同的经营特点,这些经营特点将直接影响高新技术企业的激励机制。概括地说包括五项特点,即:高风险、高投入、高收益、高技术、高成长。

(1) 高风险:与传统企业相比,由于高新技术企业面临新市场,采用新技术,因为"创新"导致的"不确定性"使企业整体运作风险高于传统企业;

(2) 高投入:高新技术企业的技术创新工作的资金与人力投入比传统企业大;

(3) 高收益:高新技术企业不断进行的技术创新将会在一段时间内带来功能、性能、质量、成本方面的巨大竞争优势,可为企业带来丰厚的利润;

(4) 高技术:高技术是高新技术企业的基本特征,从事技术创新的人员需要良好的知识基础,以脑力工作为主;

(5) 高成长:高新技术企业的竞争优势,可使产品迅速占领市场,使企业迅速成长。

1.3　高新技术企业认定管理办法

1.3.1　《高新技术企业认定管理办法》及《工作指引》的变化

新修订的《高新技术企业认定管理办法》(国科发火〔2016〕32号)与原《高新技术企

认定管理办法》(国科发火〔2008〕172号)相比,主要的变化有以下几点:

(1) 拓宽重点支持的技术领域。
(2) 调整"研发费用占销售收入比例"指标,使中小企业获益。
(3) 调整"科技人员占比"指标,放宽对科技人员和研发人员比例的要求。
(4) 调整认定条件中对知识产权的要求,取消独占许可类型的知识产权。
(5) 缩短公示时间,由之前的15个工作日缩短为10个工作日。
(6) 对应《工作指引》①进行修改,并增设要求,完善流程。
(7) 企业重大违规行为将被取消高新企业资格并补税。

1.3.2 对2016版条款的认识及申报要求

一、认定条件

新旧《认定办法》对认定条件对比可见表1-1。

表1-1 认定条件对比

国科发火〔2008〕172号	国科发火〔2016〕32号	对比分析
在中国境内(不包括港、澳、台地区)注册一年以上的居民企业	(一)企业申请认定时须注册成立一年以上	不变(只是在文件中出现的位置不一样)
(一)在中国境内(不含港、澳、台地区)注册的企业,近三年内通过自主研发、受让、受赠、并购等方式,或通过5年以上的独占许可方式,对其主要产品(服务)的核心技术拥有自主知识产权	(二)企业通过自主研发、受让、受赠、并购等方式,获得对其主要产品(服务)在技术上发挥核心支持作用的知识产权的所有权	对获取核心技术的时间不做限制,删除了通过5年以上的独占许可方式获取方式
(二)产品(服务)属于《国家重点支持的高新技术领域》规定的范围	(三)对企业主要产品(服务)发挥核心支持作用的技术属于《国家重点支持的高新技术领域》规定的范围	见国科发火〔2016〕32号附件
(三)具有大学专科以上学历的科技人员占企业当年职工总数的30%以上,其中研发人员占企业当年职工总数的10%以上	(四)企业从事研发和相关技术创新活动的科技人员占企业当年职工总数的比例不低于10%	对科技人员的学历,以及占企业当年职工总数不做限制,从事科技活动的研发人员占比不变。

---

① 《高新技术企业认定管理工作指引》(国科发火〔2016〕195号,以下称"工作指引"。)

续 表

国科发火〔2008〕172号	国科发火〔2016〕32号	对 比 分 析
（四）企业为获得科学技术（不包括人文、社会科学）新知识，创造性运用科学技术新知识，或实质性改进技术、产品（服务）而持续进行了研究开发活动，且近三个会计年度的研究开发费用总额占销售收入总额的比例符合如下要求： 1. 最近一年销售收入小于5 000万元的企业，比例不低于6%； 2. 最近一年销售收入在5 000万元至20 000万元的企业，比例不低于4%； 3. 最近一年销售收入在20 000万元以上的企业，比例不低于3%。 其中，企业在中国境内发生的研究开发费用总额占全部研究开发费用总额的比例不低于60%。企业注册成立时间不足三年的，按实际经营年限计算	（五）企业近三个会计年度（实际经营期不满三年的按实际经营时间计算）的研究开发费用总额占同期销售收入总额的比例符合如下要求： 1. 最近一年销售收入小于5 000万元（含）的企业，比例不低于5%； 2. 最近一年销售收入在5 000万元至2亿元（含）的企业，比例不低于4%； 3. 最近一年销售收入在2亿元以上的企业，比例不低于3%。 其中，企业在中国境内发生的研究开发费用总额占全部研究开发费用总额的比例不低于60%	最近一年销售收入小于5 000万元（含）的企业，比例调整为5%，其他档次比例不变
（五）高新技术产品（服务）收入占企业当年总收入的60%以上	（六）近一年高新技术产品（服务）收入占企业同期总收入的比例不低于60%	调整比较方式：近一年高新技术产品（服务）收入占企业同期总收入的比例
（六）企业研究开发组织管理水平、科技成果转化能力、自主知识产权数量、销售与总资产成长性等指标符合《高新技术企业认定管理工作指引》（另行制定）的要求	（七）企业创新能力评价应达到相应要求	创新能力评价具体见后续出台政策规定
	（八）企业申请认定前一年内未发生重大安全、重大质量事故或严重环境违法行为	对前一年内安全、质量、环境违法行为做出规定。具体后续应该有详细规定

二、认定领域

新旧《认定办法》的认定领域对比可见表1-2。

表1-2 认定领域对比

国科发火〔2008〕172号	国科发火〔2016〕32号
电子信息技术	电子信息
生物与新医药技术	生物与新医药
航空航天技术	航空航天
新材料技术	新材料

续 表

国科发火〔2008〕172号	国科发火〔2016〕32号
高新技术服务业	高技术服务
新能源及节能技术	新能源与节能
资源与环境技术	资源与环境
高新技术改造传统产业	先进制造与自动化

三、认定的程序性和监督管理方面事项

对于2016年32号文件中高新技术企业认定的程序性和监督管理事项,应关注以下几点:

第一,申请高新技术认定的企业,提交的申请资料中新增"近一个会计年度高新技术产品(服务)收入专项审计或鉴证报告"以及"近三个会计年度企业所得税年度纳税申报表"。

第二,审查认定的公示时间由15个工作日减少至10个工作日,提高行政效率。

第三,进一步明确税收优惠享受的起始和终止时间。

(1) 起始时间:企业获得高新技术企业资格后,自高新技术企业证书颁发之日所在年度起享受税收优惠。

(2) 终止时间:

① 对已认定的高新技术企业,经复核被认定为不符合高新技术企业条件而被取消高新技术企业资格的,税务机关将追缴其不符合认定条件年度起已享受的税收优惠;

② 对于已认定的高新技术企业,因故而被取消高新技术企业资格的,税务机关可追缴其自发生相关行为之日所属年度起已享受的高新技术企业税收优惠。

第四,明确高新技术企业的自主申报事项。

(1) 企业获得高新技术企业资格后,应于每年5月底前在"高新技术企业认定管理工作网"填报上一年度知识产权、科技人员、研发费用、经营收入等年度发展情况报表;

(2) 高新技术企业发生更名或与认定条件有关的重大变化(如分立、合并、重组以及经营业务发生变化等)应在三个月内向认定机构报告。2008年172号文件曾规定发生上述情况时,需于15日内向认定机构报告,2016年32号文件报告时限放宽(三个月),更有利于纳税人。

新增"未按期报告与认定条件有关重大变化情况,或累计两年未填报年度发展情况报表的,将被取消高新资格。"

第五,高新技术企业跨认定机构管理区域搬迁时,高新技术企业资格的延续问题。

(1) 企业于高新技术企业资格有效期内完成整体迁移的,资格继续有效;

(2) 企业部分搬迁的,由迁入地认定机构重新认定。

第六,应注意,企业存在偷、骗税行为的,不再作为取消高新技术资格的情形之一。

第七,新增了监督检查方式,即科技部、财政部、税务总局建立随机抽查和重点检查机制,加强对各地高新技术企业认定管理工作的监督检查。

第八,2016年32号文件取消了高新技术企业复审的规定。自2016年1月1日开始按照新修订的《高新技术企业认定管理办法》取消了高新技术企业的复审,如需继续享受高新技术企业的政策,需重新申请认定。

1.4　高新技术企业认定的好处

1. 政府层面

通过高新技术企业的认定管理工作,把中央、地方政府制定的创新驱动发展战略落到实处,即通过鼓励创新和新税制优化产业结构等政策导向,进一步增强我国高新技术企业以自主研发为核心的综合创新能力,特别是对核心技术的掌握,促进高新技术产业升级发展。政府培植高新技术企业的配套措施,包括税收减免、股权激励、科技计划、项目用地和金融保险出口信贷等。

2. 企业层面

高新技术企业可以获得国家和地方政府多项配套政策扶持,主要包括:

(1) 可以按15%的税率缴纳企业所得税;

(2) 企业研究开发投入可以在通过研发费用确认后,享受所得税加计扣除;

(3) 获政府项目资金优先支持。

此外,近年来"高新技术企业"资质已成为企业投标、在资本市场上融资上市以及吸引风险投资机构和金融机构介入等的重要筹码。

1.5　高新技术企业的扶持政策

1.5.1　企业所得税优惠政策

国家税务总局关于《国家税务总局关于实施高新技术企业所得税优惠政策有关问题的公告》(国家税务总局公告2017年第24号)的解读如下。

一、公告出台背景

为加大对科技型企业特别是中小企业的政策扶持,大力推动大众创业、万众创新,培育创造新技术、新业态和提供新供给的生力军,促进经济升级转型升级,2016年,科技部、财政部、税务总局联合下发了《关于修订印发〈高新技术企业认定管理办法〉的通知》(国科发火〔2016〕32号,以下简称《认定办法》)及配套文件《关于修订印发〈高新技术企业认定管理工作指引)的通知》(国科发火〔2016〕195号,以下简称《工作指引》)。

《认定办法》和《工作指引》出台后,《国家税务总局关于实施高新技术企业所得税优惠有关问题的通知》(国税函〔2009〕203号,以下简称"203号文件")作为与原《认定办法》和《工作指引》相配套的税收优惠管理性质的文件,其有关内容需要适时加以调整和完善,以实现高新技术企业认定管理和税收优惠管理的有效衔接,保障和促进高新技术企业优惠政策的贯彻落实。为此,特制定该公告。

二、公告主要内容

(一)明确高新技术企业享受优惠的期间

根据企业所得税法的规定,企业所得税按纳税年度计算,因此高新技术企业也是按年享受税收优惠。而高新技术企业证书上注明的发证时间是具体日期,不一定是一个完整纳税年度,且有效期为3年。这就导致了企业享受优惠期间和高新技术企业认定证书的有效期不完全一致。为此,公告明确,企业获得高新技术企业资格后,自其高新技术企业证书注明的发证时间所在年度起申报享受税收优惠,并按规定向主管税务机关办理备案手续。例如,A企业取得的高新技术企业证书上注明的发证时间为2016年11月25日,A企业可自2016年度1月1日起连续3年享受高新技术企业税收优惠政策,即,享受高新技术企业税收优惠政策的年度为2016年、2017年和2018年。

按照上述原则,高新技术企业认定证书发放当年已开始享受税收优惠,则在期满当年应停止享受税收优惠。但鉴于其高新技术企业证书仍有可能处于有效期内,且继续取得高新技术企业资格的可能性非常大,为保障高新技术企业的利益,实现优惠政策的无缝衔接,公告明确高新技术企业资格期满当年内,在通过重新认定前,其企业所得税可暂按15%的税率预缴,在年底前仍未取得高新技术企业资格的,则应按规定补缴税款。如,A企业的高新技术企业证书在2019年4月20日到期,在2019年季度预缴时企业仍可按高新技术企业15%的税率预缴。如果A企业在2019年年底前重新获得高新技术企业证书,其2019年度可继续享受税收优惠。如未重新获得高新技术企业证书,则应按25%的税率补缴少缴的税款。

(二)明确税务机关日常管理的范围、程序和追缴期限

在《认定办法》第十六条基础上,公告进一步明确了税务机关的后续管理,主要有以下几点:

一是明确后续管理范围。《认定办法》出台以后,税务机关和纳税人对高新技术企业在享受优惠期间是否需要符合认定条件存在较大的争议。经与财政部、科技部沟通,《认定办法》第十六条中所称"认定条件"是较为宽泛的概念,既包括高新技术企业认定时的条件,也包括享受税收优惠期间的条件。因此,公告将税务机关后续管理的范围明确为高新技术企业认定过程中和享受优惠期间,统一了管理范围,明确了工作职责。

二是调整后续管理程序。此前,按照203号文件的规定,税务部门发现高新技术企业不

符合优惠条件的,可以追缴高新技术企业已减免的企业所得税税款,但不取消其高新技术企业资格。按照《认定办法》第十六条的规定,公告对 203 号文件的后续管理程序进行了调整,即,税务机关如发现高新技术企业不符合认定条件的,应提请认定机构复核。复核后确认不符合认定条件的,由认定机构取消其高新技术企业资格后,通知税务机关追缴税款。

三是明确追缴期限。为统一执行口径,公告将《认定办法》第十六条中的追缴期限"不符合认定条件年度起"明确为"证书有效期内自不符合认定条件年度起",避免因为理解偏差导致扩大追缴期限,切实保障纳税人的合法权益。

(三)明确高新技术企业优惠备案要求

《认定办法》和《工作指引》出台后,认定条件、监督管理要求等均发生了变化,有必要对享受优惠的备案资料和留存备查资料进行适当调整。公告对此进行了明确。在留存备查资料中,涉及主要产品(服务)发挥核心支持作用的技术所属领域、高新技术产品(服务)及对应收入、职工和科技人员、研发费用比例等相关指标时,需留存享受优惠年度的资料备查。

(四)明确执行时间和衔接问题

一是考虑到该公告加强了高新技术企业税收管理,按照不溯及既往原则,明确该公告适用于 2017 年度及以后年度企业所得税汇算清缴。二是《认定办法》自 2016 年 1 月 1 日起开始实施。但按照《科技部 财政部 国家税务总局关于印发〈高新技术企业认定管理办法〉的通知》(国科发火〔2008〕172 号)认定的高新技术企业仍在有效期内。在一段时间内,按不同认定办法认定的高新技术企业还将同时存在,但认定条件、监督管理要求等并不一致。为公平、合理起见,公告明确了"老人老办法,新人新办法"的处理原则,以妥善解决新旧衔接问题。即按照《认定办法》认定的高新技术企业按该公告规定执行;按国科发火〔2008〕172 号文件认定的高新技术企业仍按照 203 号文件和《国家税务总局关于发布〈企业所得税优惠政策事项办理办法〉的公告》(国家税务总局公告 2015 年第 76 号)的有关规定执行。三是明确《国家税务总局关于高新技术企业资格复审期间企业所得税预缴问题的公告》(国家税务总局公告 2011 年第 4 号)废止。

1.5.2　人才政策

上海市的人才政策主要内容如下。

《上海市引进人才申办本市常住户口试行办法》(沪府发〔2010〕28 号)第六条指出,本市金融、贸易、航运等现代服务业重点机构,高新技术产业化重点领域,高新技术企业,高新技术成果转化项目,在沪跨国公司地区总部及地区总部投资设立的具有独立法人资格的研发中心紧缺急需的具有本科及以上学历并取得相应学位的专业技术人员、管理人员和创新团队核心成员,专业(业绩)与岗位相符,可以申办本市常住户口。

持有《上海市居住证》,在入驻科技企业孵化器(须经上海科技企业孵化协会备案,下同)连续满 6 个月的本市企业中持股比例不低于 5% 的创业人才,企业入驻孵化器期间,积 120 分。获得科技企业孵化器或创业投资机构(须经上海市创业投资行业协会备案,下同)首轮创业投资额 200 万元及以上或累计获得创业投资额 500 万元及以上(须资金到位并持续投资满 1 年)的本市企业中持股比例不低于 5%的创业人才,在企业连续工作满 1 年的,申办本市常住户口时,持有《上海市居住证》和参加本市职工社会保险的累计年限可以由 7 年缩短为 5 年。获得科技企业孵化器或创业投资机构首轮创业投资额 500 万元及以上或累计获得创业投资额 1 000 万元及以上(须资金到位并持续投资满 1 年)的本市企业中持股比例不低于 5%的创业人才,在企业连续工作满 1 年的,申办本市常住户口时,持有《上海市居住证》和参加本市职工社会保险的累计年限可以由 7 年缩短为 3 年。获得科技企业孵化器或创业投资机构首轮创业投资额 1 000 万元及以上或者累计获得创业投资额 2 000 万元及以上(须资金到位并持续投资满 1 年)的本市企业中持股比例不低于 10%的创业人才,在企业连续工作满 2 年的,可以直接申办本市常住户口。

持有《上海市居住证》,在本市技术转移服务机构(须经上海市技术转移协会备案,下同)中连续从事技术转移和科技成果转化服务满 6 个月的创新创业中介服务人才,积 120 分。在本市技术转移服务机构中连续从事技术转移和科技成果转化服务满 1 年,最近 3 年累计实现 1 000 万元及以上技术交易额(技术合同双方当事人分别不少于 3 家且不是关联企业,技术合同履行率达到 70%及以上)的技术合同第一完成人,申办本市常住户口时,持有《上海市居住证》和参加本市职工社会保险的累计年限可以由 7 年缩短为 5 年。在本市技术转移服务机构中连续从事技术转移和科技成果转化服务满 1 年,最近 3 年累计实现 2 000 万元及以上技术交易额(技术合同双方当事人分别不少于 3 家且不是关联企业,技术合同履行率达到 70%及以上)的技术合同第一完成人,申办本市常住户口时,持有《上海市居住证》和参加本市职工社会保险的累计年限可以由 7 年缩短为 3 年。在本市技术转移服务机构中连续从事技术转移和科技成果转化服务满 2 年,最近 3 年累计实现 5 000 万元及以上技术交易额(技术合同双方当事人分别不少于 5 家且不是关联企业,技术合同履行率达到 70%及以上)的技术合同第一完成人,可以直接申办本市常住户口。

持有《上海市居住证》的企业高级管理和科技技能人才,最近 3 年内累计 24 个月在本市缴纳职工社会保险费基数等于本市上年度职工社会平均工资 3 倍的人才,积 120 分。最近 4 年内累计 36 个月在本市缴纳职工社会保险费基数等于本市上年度职工社会平均工资 3 倍且缴纳职工社会保险费基数与个人所得税应纳税所得额合理对应的企业科技和技能人才,申办本市常住户口时,持有《上海市居住证》和参加本市职工社会保险的累计年限可以由 7 年缩短为 5 年。最近 4 年内累计 36 个月在本市缴纳职工社会保险费基数等于本市上年度职工社会平均工资 3 倍且缴纳个人所得税累计达到 100 万元的企业高级管理、科技和技能人才,可以直接申办本市常住户口。

1.5.3 科技项目扶持政策

上海市 2018 年度"科技创新行动计划"项目:

（1）社会发展领域；（2）高新技术领域；（3）软科学研究领域；（4）基础研究领域；（5）工程技术研究中心；（6）科研试剂领域；（7）研发平台建设领域；（8）医学领域；（9）生物医药领域；（10）国内科技合作领域。

此外，还有：上海市小巨人工程；上海市高新技术成果转化；上海市科技型中小企业创新基金等项目。

1.6 拟申报高新技术企业初步调查表

拟申报高新技术企业的初步调查表可见表1-3和表1-4。

表1-3 企业注册登记表[①]

企业名称				注册时间		
注册类型				外资来源地		
注册资金				所属行业		
企业规模（上年度销售）				行政区域		
组织机构代码/统一社会信用代码				税务登记号/统一社会信用代码		
企业所得税主管税务机关	□国税 □地税			企业所得税征收方式	□查账征收 □核定征收	
通信地址					邮政编码	
企业法定代表人	姓名		手机		身份证号/护照号	
	电话		传真		E-mail	
联系人	姓名		手机			
	电话		传真		E-mail	
企业是否上市	□是 □否			上市时间		
股票代码				上市类型		
是否属于国家级高新区内企业	□是 □否			高新区名称		

[①] 资料来源：《高新技术企业认定管理工作指引》。

表 1-4 企业基本信息登记表[①]

股权结构(本表可续加)		
中国公民		
姓　　名	身份证号	投资总额(万元)
外籍公民		
姓　　名	护照号	投资总额(万元)
中国企业法人		
名　　称	法人代码	投资额(万元)
外国企业法人		
名　　称	法人代码	投资额(万元)

---

① 资料来源:《高新技术企业认定管理工作指引》。

第二章
高新技术企业认定速读

2.1 企业创新能力评价

企业创新能力主要从知识产权、科技成果转化能力、研究开发(简称研发)组织管理水平、企业成长性四项指标进行评价。各级指标均按整数打分,满分为 100 分,综合得分达到 70 分以上(不含 70 分)为符合认定要求。四项指标分值结构详见表 2-1:

表 2-1 指标分值结构表

序 号	指 标	分 值
1	知识产权	≤30
2	科技成果转化能力	≤30
3	研究开发组织管理水平	≤20
4	企业成长性	≤20

1. 知识产权(≤30 分)

由技术专家对企业申报的知识产权是否符合《认定办法》和《工作指引》要求,进行定性与定量结合的评价,评价指标见表 2-2。

表 2-2 知识产权相关评价表

序 号	知识产权相关评价指标	分 值
1	技术的先进程度	≤8
2	对主要产品(服务)在技术上发挥核心支持作用	≤8
3	知识产权数量	≤8
4	知识产权获得方式	≤6
5	(作为参考条件,最多加 2 分) 企业参与编制国家标准、行业标准、检测方法、技术规范的情况	≤2

(1) 技术的先进程度。

A. 高　（7—8分）

B. 较高(5—6分)

C. 一般(3—4分)

D. 较低(1—2分)

E. 无　（0分）

(2) 对主要产品(服务)在技术上发挥核心支持作用。

A. 强　（7—8分）

B. 较强(5—6分)

C. 一般(3—4分)

D. 较弱(1—2分)

E. 无　（0分）

(3) 知识产权数量。

A. 1项及以上(Ⅰ类)(7—8分)

B. 5项及以上(Ⅱ类)(5—6分)

C. 3—4项　(Ⅱ类)(3—4分)

D. 1—2项　(Ⅱ类)(1—2分)

E. 0项　　　　（0分）

(4) 知识产权获得方式。

A. 有自主研发　　　（1—6分）

B. 仅有受让、受赠和并购等(1—3分)

(5) 企业参与编制国家标准、行业标准、检测方法、技术规范的情况(此项为加分项,加分后"知识产权"总分不超过30分。相关标准、方法和规范须经国家有关部门认证认可)。

A. 是(1—2分)

B. 否(0分)

2. 科技成果转化能力(≤30分)

依照《促进科技成果转化法》,科技成果是指通过科学研究与技术开发所产生的具有实用价值的成果(专利、版权、集成电路布图设计等)。科技成果转化是指为提高生产力水平而对科技成果进行的后续试验、开发、应用、推广直至形成新产品、新工艺、新材料,发展新产业等活动。

科技成果转化形式包括：自行投资实施转化;向他人转让该技术成果;许可他人使用该科技成果;以该科技成果作为合作条件,与他人共同实施转化;以该科技成果作价投资、折算股份或者出资比例;其他协商确定的方式。

由技术专家根据企业科技成果转化总体情况和近3年内科技成果转化的年平均数进

行综合评价。若同一科技成果分别在国内外转化,或转化为多个产品、服务、工艺、样品、样机等,只计为一项。

A. 转化能力强,　≥5 项(25—30 分)
B. 转化能力较强,≥4 项(19—24 分)
C. 转化能力一般,≥3 项(13—18 分)
D. 转化能力较弱,≥2 项(7—12 分)
E. 转化能力弱,　≥1 项(1—6 分)
F. 转化能力无,　 0 项(0 分)

3. 研究开发组织管理水平(≤20 分)

由技术专家根据企业研究开发与技术创新组织管理的总体情况,结合以下几项评价,进行综合打分。

(1) 制定了企业研究开发的组织管理制度,建立了研发投入核算体系,编制了研发费用辅助账;(≤6 分)

(2) 设立了内部科学技术研究开发机构并具备相应的科研条件,与国内外研究开发机构开展多种形式产学研合作;(≤6 分)

(3) 建立了科技成果转化的组织实施与激励奖励制度,建立开放式的创新创业平台;(≤4 分)

(4) 建立了科技人员的培养进修、职工技能培训、优秀人才引进,以及人才绩效评价奖励制度。(≤4 分)

4. 企业成长性(≤20 分)

由财务专家选取企业净资产增长率、销售收入增长率等指标对企业成长性进行评价。企业实际经营期不满三年的按实际经营时间计算。计算方法如下:

(1) 净资产增长率。

$$净资产增长率 = 1/2(第二年末净资产 \div 第一年末净资产 + 第三年末净资产 \div 第二年末净资产) - 1$$

$$净资产 = 资产总额 - 负债总额$$

资产总额、负债总额应以具有资质的中介机构鉴证的企业会计报表期末数为准。

(2) 销售收入增长率。

$$销售收入增长率 = 1/2(第二年销售收入 \div 第一年销售收入 + 第三年销售收入 \div 第二年销售收入) - 1$$

企业净资产增长率或销售收入增长率为负的,按 0 分计算。第一年末净资产或销售收入为 0 的,按后两年计算;第二年末净资产或销售收入为 0 的,按 0 分计算。

以上两个指标分别对照表 2-3 评价档次(ABCDEF)得出分值,两项得分相加计算出企业成长性指标综合得分。

表 2-3　企业成长性指标综合得分

成长性得分(分)	指标赋值(分)	得　分(分)					
		≥35%	≥25%	≥15%	≥5%	>0	≤0
≤20	净资产增长率赋值 ≤10	A	B	C	D	E	F
	销售收入增长率赋值 ≤10	9—10	7—8	5—6	3—4	1—2	0

2.2　专家组评价表解读

按照《认定办法》及《工作指引》的规定，评审专家对企业申报信息进行独立评价。技术专家应主要侧重对企业知识产权、研究开发活动、主营业务、成果转化及高新技术产品（服务）等情况进行评价打分（见表 2-4）。

表 2-4　高新技术企业认定技术专家评价表[①]

企业名称			
企业提交的资料是否符合要求		□是　　□否	
企业是否注册成立一年以上		□是　　□否	
企业是否获得符合条件的知识产权		□是　　□否	
核心技术是否属于《技术领域》规定的范围		□是　　□否 （若"是"，请填写 3 级技术领域标题或编号）	
科技人员占比是否符合要求		□是　　□否	
近三年研发费用	研发活动核定数	核除研发活动编号	
	核定总额（万元）	其中：境内核定总额（万元）	
近一年高新技术产品（服务）收入	产品（服务）核定数	核除产品（服务）编号	
	收入核定总额（万元）		

---

① 资料来源：《高新技术企业认定管理工作指引》。

续 表

1. 知识产权(≤30分)	得分：
技术的先进程度(≤8分) □A. 高　(7—8分)　　　　　□B. 较高(5—6分) □C. 一般(3—4分)　　　　□D. 较低(1—2分) □E. 无　(0分)	得分：
对主要产品(服务)在技术上发挥核心支持作用(≤8分) □A. 强　(7—8分)　　　　□B. 较强(5—6分) □C. 一般(3—4分)　　　　□D. 较弱(1—2分) □E. 无　(0分)	得分：
知识产权数量(≤8分) □A. 1项及以上(Ⅰ类)(7—8分) □B. 5项及以上(Ⅱ类)(5—6分) □C. 3—4项　　(Ⅱ类)(3—4分) □D. 1—2项　　(Ⅱ类)(1—2分) □E. 0项　　　　　(0分)	得分：
知识产权获得方式(≤6分) □A. 有自主研发　　　　　(1—6分) □B. 仅有受让、受赠和并购等(1—3分)	得分：
(加分项,≤2分)企业参与编制国家标准、行业标准、检测方法、技术规范的情况 □A. 是(1—2分)　　　□B. 否(0分)	得分：
2. 科技成果转化能力(≤30分)	得分：
□A. 转化能力强　≥5项(25—30分)　　□B. 转化能力较强≥4项(19—24分) □C. 转化能力一般≥3项(13—18分)　　□D. 转化能力较弱≥2项(7—12分) □E. 转化能力弱　≥1项(1—6分)　　　□F. 转化能力无　　0项(0分)	
3. 研究开发组织管理水平(≤20分)	得分：
制定了企业研究开发的组织管理制度,建立了研发投入核算体系,编制了研发费用辅助账(≤6分)	得分：
设立了内部科学技术研究开发机构并具备相应的科研条件,与国内外研究开发机构开展多种形式的产学研合作(≤6分)	得分：
建立了科技成果转化的组织实施与激励奖励制度,建立开放式的创新创业平台(≤4分)	得分：
建立了科技人员的培养进修、职工技能培训、优秀人才引进,以及人才绩效评价奖励制度(≤4分)	得分：
对企业技术创新能力的综合评价	
合计得分	专家签名：　　　　　　年　月　日

注：各项均按整数打分。

财务专家应参照中介机构提交的专项报告、企业的财务会计报告和纳税申报表等进行评价打分(见表2-5)。

表2-5　高新技术企业认定财务专家评价表[①]

企业名称					
企业提交的财务资料是否符合要求			□是　□否		
中介机构资质是否符合要求	□是　□否	中介机构出具的审计(鉴证)报告是否符合要求		□是　□否	
近三年研究开发费用归集是否符合要求	□是　□否	近一年高新技术产品(服务)收入归集是否符合要求		□是　□否	
近三年销售收入(万元)	第一年	近三年净资产(万元)		第一年	
	第二年			第二年	
	第三年			第三年	
净资产增长率		销售收入增长率			
近三年销售收入合计(万元)		近一年企业总收入(万元)			
企业成长性(≤20分)				合计:	
净资产增长率(≤10分) □A. ≥35% (9—10分)　□B. ≥25% (7—8分) □C. ≥15% (5—6分)　□D. >5% (3—4分) □E. >0　(1—2分)　□F. ≤0　(0分)				得分:	
销售收入增长率(≤10分) □A. ≥35% (9—10分)　□B. ≥25% (7—8分) □C. ≥15% (5—6分)　□D. >5% (3—4分) □E. >0　(1—2分)　□F. ≤0　(0分)				得分:	
对企业财务状况的综合评价					
专家签名:				年　月　日	

各评审专家独立评价的基础上,由专家组进行综合评价(见表2-6)。

---

① 资料来源:《高新技术企业认定管理工作指引》。

表 2-6　高新技术企业认定专家组综合评价表[①]

企业名称				
企业是否注册成立一年以上	☐是　☐否			
企业是否获得符合条件的知识产权	☐是　☐否			
核心技术是否属于《技术领域》规定的范围	☐是　☐否 （若"是"，请填写3级技术领域标题或编号）			
科技人员占企业职工总数的比例（%）		是否符合条件	☐是	☐否
近三年研究开发费用总额占同期销售收入总额比例（%）			☐是	☐否
近三年在中国境内研发费用总额占全部研发费用总额比例（%）			☐是	☐否
近一年高新技术产品（服务）收入占同期总收入比例（%）			☐是	☐否
创新能力评价总分	1. 知识产权得分		3. 研究开发组织管理水平得分	
	技术先进程度		组织管理制度	
	核心支持作用		研发机构	
	知识产权数量		成果转化奖励制度	
	知识产权获得方式		人才绩效制度	
	（加分）参与标准制定		4. 成长指标得分	
	2. 科技成果转化能力得分		净资产增长率	
			销售收入增长率	
综合评价是否符合认定条件：	☐是　☐否			
否（简述理由）				
专家组组长签字：			年　月　日	

2.3　高新技术企业申报数据勾兑表

高新技术企业申报数据的勾兑情况见表2-7。

表 2-7　高新技术企业认定专家组综合评价表[②]

序号	名　称	参数符号	佐证资料	数据勾兑要求	说　明
1	企业注册成立时间	H	营业执照	H≥1年	居民企业，查账征收

---

① 资料来源：《高新技术企业认定管理工作指引》。
② 刘斌、柳亚强、黄家强，《国家高新技术企业培育与认定申报教程》，2017，华南理工大学出版社。

续表

序号	名称	参数符号	佐证资料	数据勾兑要求	说明
2	企业当年职工总数	A	劳动合同、社保、个税	$B/A \times 100\% \geq 10\%$	当年数，≥ 183 天
3	科技人员总数	B	毕业证书、职称证书		
4	近三年每年的销售收入	C1,C2,C3	年度审计报告和专项审计报告	研发费用比例：$P = [(D1+D2+D3)/(C1+C2+C3)] \times 100\%$	(1) $P \geq 5\%$；$C3 \leq 5000$ 万元 (2) $P \geq 4\%$；5000 万元 $< C3 \leq 2$ 亿元 (3) $P \geq 3\%$；$C3 > 2$ 亿元
5	近三年每年的研发费用	D1,D2,D3			
6	近三年每年的净资产	E1,E2,E3		净资产增长率：$t1 = [(E3/E2 + E2/E1)/-1] \times 100\%$ 销售增长率：$T2 = [(C3/C2 + C2/C1)/-1] \times 100\%$	增长率赋值，根据 $t1$ 和 $t2$ 的大小，查表得分，满分各10分
7	上年度高新技术产品(服务)收入	F		$F \geq C3 \times 60\%$	且主要产品(服务)收入之和 $\geq F \times 50\%$
8	第一年实际研发费用	G1	年度审计报告和专项审计报告	G1＝第一年各RD项目研发费用之和＝D1	(1) 要求每个RD项目的费用及明细符合要求； (2) 每个RD项目的经费大小根据实际情况来确定
9	第二年实际研发费用	G2		G2＝第二年各RD项目研发费用之和＝D2	
10	第三年实际研发费用	G3		G3＝第三年各RD项目研发费用之和＝D3	
11	有效知识产权数	K	有效证书或授权通知书及缴费收据	$K \geq 1$	必须至少1个
12	创新能力评价分数	M	专家打分	$M > 70$	(1) 知识产权(30分) (2) 科技成果转化能力(30分) (3) 研究开发组织管理水平(20分) (4) 企业成长性(20分)

2.4 提交纸质资料目录

以上海市2017年申报认定为例,提交材料包括[1]:

(1)《高新技术企业认定申请书》(在线打印并签名、加盖企业公章);

(2)证明企业依法成立的《营业执照》等相关注册登记证件的复印件;

(3)知识产权相关材料(知识产权证书及反映技术水平的证明材料、参与制定标准情况等。知识产权有多个权属人时,其余权属人应提交只供一个权属人在申请高新技术企业时使用的承诺书);

(4)科研项目立项证明(已验收或结题项目需附验收或结题报告);

(5)科技成果转化(总体情况与转化形式、应用成效的逐项说明);

(6)研究开发组织管理(总体情况与四项指标符合情况的具体说明)等相关材料;

(7)企业高新技术产品(服务)的关键技术和技术指标的具体说明,相关的生产批文、认证认可和资质证书,产品质量检验报告等材料;

(8)企业职工和科技人员情况说明材料,包括在职、兼职和临时聘用人员人数、人员学历结构、科技人员名单及其工作岗位等;

(9)经具有资质并符合本《工作指引》相关条件的中介机构出具的企业近三个会计年度(实际年限不足三年的按实际经营年限,下同)研究开发费用、近一个会计年度高新技术产品(服务)收入专项审计或鉴证报告,并附研究开发活动、研究开发费用会计核算及辅助核算账情况的说明材料;

(10)经具有资质的中介机构鉴证的企业近三个会计年度的财务会计报告(包括会计报表、会计报表附注等);

(11)近三个会计年度企业所得税年度纳税申报表(包括主表及附表)。

2.5 申报条件及注意事项[2]

(1)企业申请认定时须注册成立一年以上。

注:企业成立需满365天,且企业的所得税征收方式为查账征收。

(2)企业通过自主研发、受让、受赠、并购等方式,获得对其主要产品(服务)在技术上发挥核心支持作用的知识产权的所有权。

注:

① 所指的知识产权,须在中国境内授权或者审批审定,并在中国法律的保护期内。

---

[1] 资料来源:《高新技术企业认定管理工作指引》。
[2] 同上。

知识产权的权属人应为申请企业。

② 不具备知识产权的企业,不能认定为高新技术企业。

③ 高新技术企业认定中,对企业知识产权情况采用分类评价方式,其中:发明专利(含国防专利)、植物新品种、国家级农作物品种、国家新药、国家一级中药保护品种、集成电路布图设计专有权等按Ⅰ类评价;实用新型专利、外观设计专利、软件著作权等(不含商标)按Ⅱ类评价。(专利等在有效期即算有效,截止到申报时间获取的专利都可以)

④ 按Ⅱ类评价的知识产权在申请高新技术企业时,仅限使用一次。

⑤ 在申请高新技术企业及高新技术企业资格存续期内,知识产权有多个权属人时,只能由一个权属人在申请时使用。

⑥ 申请认定时专利的有效性以企业申请认定前获得授权证书或授权通知书并能提供缴费收据为准。

⑦ 发明、实用新型、外观设计、集成电路布图设计专有权可在国家知识产权局网站(http://www.sipo.gov.cn)查询专利标记和专利号;国防专利须提供国家知识产权局授予的国防专利证书;植物新品种可在农业部植物新品种保护办公室网站(http://www.cnpvp.cn)和国家林业局植物新品种保护办公室网站(http://www.cnpvp.net)查询;国家级农作物品种是指农业部国家农作物品种审定委员会审定公告的农作物品种;国家新药须提供国家食品药品监督管理局签发的新药证书;国家一级中药保护品种须提供国家食品药品监督管理局签发的中药保护品种证书;软件著作权可在国家版权局中国版权保护中心网站(http://www.ccopyright.com.cn)查询软件著作权标记(也称版权标记)。

(3) 对企业主要产品(服务)发挥核心支持作用的技术属于《国家重点支持的高新技术领域》规定的范围。

注:企业主要产品发挥核心支持作用的技术应属于《国家重点支持的高新技术领域》的八大领域之内。

(4) 企业从事研发和相关技术创新活动的科技人员占企业当年职工总数的比例不低于10%。

注:企业科技人员占比是企业科技人员数与职工总数的比值。

① 企业科技人员是指直接从事研发和相关技术创新活动,以及专门从事上述活动的管理和提供直接技术服务的,累计实际工作时间在183天以上的人员,包括在职、兼职和临时聘用人员。

② 企业职工总数包括企业在职、兼职和临时聘用人员。在职人员可以通过企业是否与其签订劳动合同或缴纳社会保险费来鉴别;兼职、临时聘用人员全年须在企业累计工作183天以上。

③ 统计方法。

企业当年职工总数、科技人员数均按照全年月平均数计算。

$$月平均数 = (月初数 + 月末数) \div 2$$

$$全年月平均数 = 全年各月平均数之和 \div 12$$

年度中间开业或者终止经营活动的,以其实际经营期作为一个纳税年度确定上述相关指标。

(5) 近一年高新技术产品(服务)收入占企业同期总收入的比例不低于60%。

注:高新技术产品(服务)收入占比是指高新技术产品(服务)收入与同期总收入的比值。

① 高新技术产品(服务)收入。

高新技术产品(服务)收入是指企业通过研发和相关技术创新活动,取得的产品(服务)收入与技术性收入的总和。对企业取得上述收入发挥核心支持作用的技术应属于《技术领域》规定的范围。其中,技术性收入包括:

A. 技术转让收入,指企业技术创新成果通过技术贸易、技术转让所获得的收入;

B. 技术服务收入,指企业利用自己的人力、物力和数据系统等为社会和本企业外的用户提供技术资料、技术咨询与市场评估、工程技术项目设计、数据处理、测试分析及其他类型的服务所获得的收入;

C. 接受委托研究开发收入,指企业承担社会各方面委托研究开发、中间试验及新产品开发所获得的收入。

企业应正确计算高新技术产品(服务)收入,由具有资质并符合《工作指引》相关条件的中介机构进行专项审计或鉴证。

② 总收入。

总收入是指收入总额减去不征税收入。

企业总收入 = 收入总额 - 不征税收入(高新产品收入占企业总收入的60%以上)

其中,收入总额与不征税收入按照《中华人民共和国企业所得税法》(以下称《企业所得税法》)及《中华人民共和国企业所得税法实施条例》(以下称《实施条例》)的规定计算。

第三章 企业的研发及费用归集

3.1 企业研发活动的确定

根据《科技部、财政部、国家税务总局关于修订印发〈高新技术企业认定管理工作指引〉的通知》(国科发火〔2016〕195号)附件《高新技术企业认定管理工作指引》第三条第(六)款的规定,研究开发活动是指,为获得科学与技术(不包括社会科学、艺术或人文学)新知识,创造性运用科学技术新知识,或实质性改进技术、产品(服务)、工艺而持续进行的具有明确目标的活动。不包括企业对产品(服务)的常规性升级或对某项科研成果直接应用等活动(如直接采用新的材料、装置、产品、服务、工艺或知识等)。

企业应按照研究开发活动的定义填写企业近三年研究开发活动情况表,格式如表3-1。

表3-1 企业研究开发活动情况表

研发活动编号:RD…

研发活动名称		起止时间		
技术领域				
技术来源		知识产权编号		
研发经费总预算(万元)	研发经费近三年总支出(万元)	其中	2016年	
			2015年	
			2014年	
目的及组织实施方式(限400字)	1. 立项目的:首先介绍现状问题,然后介绍该项目的立项目的是通过某种成果解决了什么问题。 2. 组织实施方式:说明技术来源和项目的实施团队组成,简单介绍项目的资金条件、设备条件、组织安排等情况。			
核心技术及创新点(限400字)	分条介绍项目涉及的关键核心技术以及创新点,表达某种技术解决了什么问题。			
取得的阶段性成果(限400字)	分条介绍成果:包括取得的知识产权编号、用户使用情况、市场反馈等情况。			

专家评价过程中可参考如下方法判断：

(1) 行业标准判断法。若国家有关部门、全国(世界)性行业协会等具备相应资质的机构提供了测定科技"新知识""创造性运用科学技术新知识"或"具有实质性改进的技术、产品(服务)、工艺"等技术参数(标准)，则优先按此参数(标准)来判断企业所进行项目是否为研究开发活动。

(2) 专家判断法。如果企业所在行业中没有发布公认的研发活动测度标准，则通过本行业专家进行判断。获得新知识、创造性运用新知识以及技术的实质改进，应当是取得被同行业专家认可的、有价值的创新成果，对本地区相关行业的技术进步具有推动作用。

(3) 目标或结果判定法。在采用行业标准判断法和专家判断法不易判断企业是否发生了研发活动时，以本方法作为辅助。重点了解研发活动的目的、创新性、投入资源(预算)，以及是否取得了最终成果或中间成果(如专利等知识产权或其他形式的科技成果)。

3.2　企业科技人员占比

企业科技人员占比是企业科技人员数与职工总数的比值。

(1) 科技人员。

企业科技人员是指直接从事研发和相关技术创新活动，以及专门从事上述活动的管理和提供直接技术服务的，累计实际工作时间在183天以上的人员，包括在职、兼职和临时聘用人员。

(2) 职工总数。

企业职工总数包括企业在职、兼职和临时聘用人员。在职人员可以通过企业是否与其签订劳动合同或缴纳社会保险费来鉴别；兼职、临时聘用人员全年须在企业累计工作183天以上。

(3) 统计方法。

企业当年职工总数、科技人员数均按照全年月平均数计算。

$$月平均数 = (月初数 + 月末数) \div 2$$
$$全年月平均数 = 全年各月平均数之和 \div 12$$

年度中间开业或者终止经营活动的，以其实际经营期作为一个纳税年度确定上述相关指标。

企业的人力资源情况统计可根据表3-2来完成。

表 3-2　人力资源情况表①

（一）总体情况		
	企业职工	科技人员
总　数(人)		
其中：在职人员		
兼职人员		
临时聘用人员		
外籍人员		
留学归国人员		
千人计划人员		
（二）全体人员结构			
学　历	博　士	硕　士	本　科	大专及以下
人　数				
职　称	高级职称	中级职称	初级职称	高级技工
人　数				
年　龄(岁)	30及以下	31—40	41—50	51及以上
人　数				

3.3　企业研究开发费用的归集与占比

一、研究开发费用的归集范围

根据《科技部、财政部、国家税务总局关于修订印发〈高新技术企业认定管理工作指引〉的通知》(国科发火〔2016〕195号)附件《高新技术企业认定管理工作指引》规定，企业应对包括直接研究开发活动和可以计入的间接研究开发活动所发生的费用进行归集，具体包括八大构成要素。

(1) 人员人工费用。

人员人工费用包括企业科技人员的工资薪金、基本养老保险费、基本医疗保险费、失业保险费、工伤保险费、生育保险费和住房公积金，以及外聘科技人员的劳务费用。

(2) 直接投入费用。

直接投入费用是指企业为实施研究开发活动而实际发生的相关支出。包括：

① 直接消耗的材料、燃料和动力费用；

---

① 资料来源：《高新技术企业认定管理工作指引》。

② 用于中间试验和产品试制的模具、工艺装备开发及制造费,不构成固定资产的样品、样机及一般测试手段购置费,试制产品的检验费;

③ 用于研究开发活动的仪器、设备的运行维护、调整、检验、检测、维修等费用,以及通过经营租赁方式租入的用于研发活动的固定资产租赁费。

(3) 折旧费用与长期待摊费用。

折旧费用是指用于研究开发活动的仪器、设备和在用建筑物的折旧费。

长期待摊费用是指研发设施的改建、改装、装修和修理过程中发生的长期待摊费用。

(4) 无形资产摊销费用。

无形资产摊销费用是指用于研究开发活动的软件、知识产权、非专利技术(专有技术、许可证、设计和计算方法等)的摊销费用。

(5) 设计费用。

设计费用是指为新产品和新工艺进行构思、开发和制造,进行工序、技术规范、规程制定、操作特性方面的设计等发生的费用。包括为获得创新性、创意性、突破性产品进行的创意设计活动发生的相关费用。

(6) 装备调试费用与试验费用。

装备调试费用是指工装准备过程中研究开发活动所发生的费用,包括研制特殊、专用的生产机器,改变生产和质量控制程序,或制定新方法及标准等活动所发生的费用。

为大规模批量化和商业化生产所进行的常规性工装准备和工业工程发生的费用不能计入归集范围。

试验费用包括新药研制的临床试验费、勘探开发技术的现场试验费、田间试验费等。

(7) 委托外部研究开发费用。

委托外部研究开发费用是指企业委托境内外其他机构或个人进行研究开发活动所发生的费用(研究开发活动成果为委托方企业拥有,且与该企业的主要经营业务紧密相关)。委托外部研究开发费用的实际发生额应按照独立交易原则确定,按照实际发生额的80%计入委托方研发费用总额。

(8) 其他费用。

其他费用是指上述费用之外与研究开发活动直接相关的其他费用,包括技术图书资料费,资料翻译费,专家咨询费,高新科技研发保险费,研发成果的检索、论证、评审、鉴定、验收费用,知识产权的申请费、注册费、代理费,会议费,差旅费,通信费等。此项费用一般不得超过研究开发总费用的20%,另有规定的除外。

二、研发费用的占比

根据《科技部、财政部、国家税务总局关于修订印发〈高新技术企业认定管理办法〉的通知》(国科发火〔2016〕32号)附件《高新技术企业认定管理办法》第三章第十一条第(五)款规定,企业近三个会计年度(实际经营期不满三年的按实际经营时间计算)的研究开发费用总额占同期销售收入总额的比例符合如下要求。

第一，最近一年销售收入小于5 000万元(含)的企业，比例不低于5%；

第二，最近一年销售收入在5 000万元至2亿元(含)的企业，比例不低于4%；

第三，最近一年销售收入在2亿元以上的企业，比例不低于3%。

其中，企业在中国境内发生的研究开发费用总额占全部研究开发费用总额的比例不低于60%；

例如：A公司2015年销售收入是2 000万元，2016年销售收入是3 000万元，2017年销售收入是4 000万元。那么A在2018年申报高新技术企业时，前一年销售收入小于5 000万元，前三年研发费用应为(2 000+3 000+4 000)×5%＝450万元以上。

(1) 企业在中国境内发生的研究开发费用。

企业在中国境内发生的研究开发费用，是指企业内部研究开发活动实际支出的全部费用与委托境内其他机构或个人进行的研究开发活动所支出的费用之和，不包括委托境外机构或个人完成的研究开发活动所发生的费用。受托研发的境外机构是指依照外国和地区(含港澳台)法律成立的企业和其他取得收入的组织；受托研发的境外个人是指外籍(含港澳台)个人。

(2) 企业研究开发费用归集办法。

企业应正确归集研发费用，由具有资质并符合《工作指引》相关条件的中介机构进行专项审计或鉴证。

企业的研究开发费用是以单个研发活动为基本单位分别进行测度并加总计算的。企业应对包括直接研究开发活动和可以计入的间接研究开发活动所发生的费用进行归集，并填写《高新技术企业认定申请书》中的"企业年度研究开发费用结构明细表"。

企业应按照"企业年度研究开发费用结构明细表"设置高新技术企业认定专用研究开发费用辅助核算账目，提供相关凭证及明细表，并按《工作指引》要求进行核算。

(3) 销售收入。

销售收入为主营业务收入与其他业务收入之和。

主营业务收入与其他业务收入按照企业所得税年度纳税申报表的口径计算。

3.4 企业研发费用核算实务

(一) 核算内容

根据研发费用业务的性质不同，核算内容主要包括：人员人工、直接投入、折旧与长期的待摊费用、设计费用、装备调试费用、无形资产摊销、委托外部研究开发费用以及其他费用等。

(二) 科目设置

现行新会计准则下，企业对发生的研发费用核算有两种方法，一是费用化方法，二是满足条件的资本化方法,应设置"研发支出"过渡科目核算。在"研发支出"科目下设"费用化支出"和"资本化支出"二级科目进行明细核算;三级科目根据不同的研发项目设置,四级科目根据不同业务性质的内容设置;然后在"管理费用"科目下设置"研发费用"二级明细科目,期末时"研发支出"科目中"费用化支出"科目余额结转至"管理费用——研发费用"科目,"资本化支出"科目余额待达到资本化条件时转至"无形资产"科目。

(三) 账务处理

(1) 相关研发费用发生时,借:研发支出——费用化支出——RD项目——直接投入/人员人工等,或借:研发支出——资本化支出——RD项目——直接投入/人员人工等;贷:原材料/应付职工薪酬/等相关科目。

(2) 会计期末。A. 对费用化支出,转入管理费用:借:管理费用——研发费用,贷:研发支出——费用化支出;B. 对资本化支出部分,到该无形资产达到预定用途时:借:无形资产,贷:研发支出——资本化支出。

(3) 对于已形成无形资产的研究开发费,从其达到预定用途的当月起,按直线摊销法进行摊销(税法规定的摊销年限不低于10年)。借:管理费用,贷:累计摊销。

(四) 建立账簿

企业对研发费用要实行专账管理,建立研发费用辅助明细账,对每一个研发项目发生的研发费用进行归集单独核算,记录在对应的项目明细账中,再根据明细账核算企业的年度研发费用发生的情况。

(五) 会计报表与信息披露

企业除了正常申报的报表外,作为高新企业应加设"研发费用结构明细表""高新企业收入情况表""研发项目可加计扣除研究开发费用情况归集表""研发项目可加计扣除研究开发费用归集汇总表"来具体反映研究开发活动的费用发生情况。对于企业研发项目的研发费用相关信息要在年度会计报告中进行恰当地披露,对费用化、资本化形成无形资产的情况要区别清楚、准确说明。

3.5 企业研发费用的加计扣除

根据《中华人民共和国企业所得税法》及其实施条例有关规定,为进一步贯彻落实《中共中央国务院关于深化体制机制改革加快实施创新驱动发展战略的若干意见》精神,更好地鼓励企业开展研究开发活动(以下简称研发活动)和规范企业研究开发费用(以下简称研发费用)加计扣除优惠政策执行,财政部、国家税务总局和科技部于2015年11月印发了《关于完善研究开发费用税前加计扣除政策的通知》,对企业研发费用税前加计扣除相关问题作了如下说明。

一、研发活动及研发费用归集范围

通知中所称研发活动,是指企业为获得科学与技术新知识,创造性运用科学技术新知识,或实质性改进技术、产品(服务)、工艺而持续进行的具有明确目标的系统性活动。

(一) 允许加计扣除的研发费用

企业开展研发活动中实际发生的研发费用,未形成无形资产计入当期损益的,按照本年度实际发生额的75%(以前是50%),从本年度应纳税所得额中扣除;形成无形资产的,按照无形资产成本的150%在税前摊销。研发费用的具体范围包括:

(1) 人员人工费用。

直接从事研发活动人员的工资薪金、基本养老保险费、基本医疗保险费、失业保险费、工伤保险费、生育保险费和住房公积金,以及外聘研发人员的劳务费用。

(2) 直接投入费用。

① 研发活动直接消耗的材料、燃料和动力费用。

② 用于中间试验和产品试制的模具、工艺装备开发及制造费,不构成固定资产的样品、样机及一般测试手段购置费,试制产品的检验费。

③ 用于研发活动的仪器、设备的运行维护、调整、检验、维修等费用,以及通过经营租赁方式租入的用于研发活动的仪器、设备租赁费。

(3) 折旧费用。

用于研发活动的仪器、设备的折旧费。

(4) 无形资产摊销。

用于研发活动的软件、专利权、非专利技术(包括许可证、专有技术、设计和计算方法等)的摊销费用。

(5) 新产品设计费、新工艺规程制定费、新药研制的临床试验费、勘探开发技术的现场试验费。

(6) 其他相关费用。

与研发活动直接相关的其他费用,如技术图书资料费,资料翻译费,专家咨询费,高新科技研发保险费,研发成果的检索、分析、评议、论证、鉴定、评审、评估、验收费用,知识产权的申请费、注册费、代理费,差旅费,会议费等。此项费用总额不得超过可加计扣除研发费用总额的10%。

(7) 财政部和国家税务总局规定的其他费用。

(二) 下列活动不适用税前加计扣除政策

(1) 企业产品(服务)的常规性升级。

(2) 对某项科研成果的直接应用,如直接采用公开的新工艺、材料、装置、产品、服务或知识等。

(3) 企业在商品化后为顾客提供的技术支持活动。

(4) 对现存产品、服务、技术、材料或工艺流程进行的重复或简单改变。

(5) 市场调查研究、效率调查或管理研究。

(6) 作为工业(服务)流程环节或常规的质量控制、测试分析、维修维护。

(7) 社会科学、艺术或人文学方面的研究。

二、特别事项的处理

(1) 企业委托外部机构或个人进行研发活动所发生的费用,按照费用实际发生额的80%计入委托方研发费用并计算加计扣除,受托方不得再进行加计扣除。委托外部研究开发费用实际发生额应按照独立交易原则确定。

委托方与受托方存在关联关系的,受托方应向委托方提供研发项目费用支出明细情况。

企业委托境外机构或个人进行研发活动所发生的费用,不得加计扣除。

(2) 企业共同合作开发的项目,由合作各方就自身实际承担的研发费用分别计算加计扣除。

(3) 企业集团根据生产经营和科技开发的实际情况,对技术要求高、投资数额大,需要集中研发的项目,其实际发生的研发费用,可以按照权利和义务相一致、费用支出和收益分享相配比的原则,合理确定研发费用的分摊方法,在受益成员企业间进行分摊,由相关成员企业分别计算加计扣除。

(4) 企业为获得创新性、创意性、突破性的产品进行创意设计活动而发生的相关费用,可按照通知规定进行税前加计扣除。

创意设计活动是指多媒体软件、动漫游戏软件开发,数字动漫、游戏设计制作;房屋建筑工程设计(绿色建筑评价标准为三星)、风景园林工程专项设计;工业设计、多媒体设计、动漫及衍生产品设计、模型设计等。

三、会计核算与管理

(1) 企业应按照国家财务会计制度要求,对研发支出进行会计处理;同时,对享受加计扣除的研发费用按研发项目设置辅助账,准确归集核算当年可加计扣除的各项研发费用实际发生额。企业在一个纳税年度内进行多项研发活动的,应按照不同研发项目分别归集可加计扣除的研发费用。

(2) 企业应对研发费用和生产经营费用分别核算,准确、合理归集各项费用支出,对划分不清的,不得实行加计扣除。

四、不适用税前加计扣除政策的行业

包括以下行业:

(1) 烟草制造业;

(2) 住宿和餐饮业;

(3) 批发和零售业;

(4) 房地产业;

(5) 租赁和商务服务业;

(6) 娱乐业;

(7) 财政部和国家税务总局规定的其他行业。

上述行业以《国民经济行业分类与代码(GB/4754-2011)》为准,并随之更新。

五、管理事项及征管要求

(1) 通知内容适用于会计核算健全、实行查账征收并能够准确归集研发费用的居民企业。

(2) 企业研发费用各项目的实际发生额归集不准确、汇总额计算不准确的,税务机关有权对其税前扣除额或加计扣除额进行合理调整。

(3) 税务机关对企业享受加计扣除优惠的研发项目有异议的,可以转请地市级(含)以上科技行政主管部门出具鉴定意见,科技部门应及时回复意见。企业承担省部级(含)以上科研项目的,以及以前年度已鉴定的跨年度研发项目,不再需要鉴定。

(4) 企业符合通知规定的研发费用加计扣除条件而在2016年1月1日以后未及时享受该项税收优惠的,可以追溯享受并履行备案手续,追溯期限最长为3年。

(5) 税务部门应加强研发费用加计扣除优惠政策的后续管理,定期开展核查,年度核查面不得低于20%。

3.6 高新技术企业研发费用核算与加计扣除核算的异同点

在高新技术企业中,企业的研发费用的核算依据主要是《高新技术企业认定管理工作指引》以及《高新技术企业认定管理办法》等相关文件(以下简述为《认定办法》),而高新技术企业的研发费用加计扣除核算主要是根据《企业研发费用税前扣除管理办法》以及《关于企业加强研发费用财务管理的若干意见》等相关文件(以下简述为《税前扣除》)。两者之间存在的异同点能够使企业对两种优惠政策进行充分的了解,并且按照一定的标准进行。

(一) 相同之处

第一,活动范围基本相同。《认定办法》和《税前扣除》中都强调高新技术企业的研发范围必须属于《国家重点支持的高新技术领域》中的规定项目,否则,在税率上不予优惠。同时,《税前扣除》还要求高新技术企业的研发范围要和国家发改委颁布的《当前优先发展的高技术产业化重点领域指南》中强调的研发范围一样,因此,这两者要求的研究活动范围基本一样。

第二,项目的确定基本相同。《高新技术企业认定管理工作指引》对研发项目有一定的定义,是指具有单独的时间,实施相关人员最佳配置,不重复地进行研发活动。同时,

《税前扣除》对研发项目的规定是以企业的董事会议共同决议,并下发相应的文件对研发项目进行批准同意,然后立项。从本质上来说,两者确定的研发项目是相同的,只是角度上稍微有点偏差。

第三,审计要求基本相同。在审计上,各个文件的要求都是大同小异的,在《认定办法》文件中要求高新技术企业必须经符合条件并具有相关资质的审计机构审计,并出具专项审计报告,并且需要填写一张"研究开发活动(项目)情况表"。同时,在《税前扣除》中对高新技术研发费用的加计扣除核算也需要填写"研究开发项目当年研究开发费用发生情况归集表",虽没有要求审计机构进行专项审计,但在具体操作过程中则需要向相关的中介机构提供审计报告。

第四,两者的账簿设计基本相同。对于高新技术企业的账簿设计,不管是《认定办法》还是《税前扣除》都要求企业建立一个完善的核算体系,实行专账管理,并建立研发费用核算明细账,对每一笔资金进行严格的管理,明确的记录,做到透明开支。

第五,科目设置完全相同,《认定办法》和《税前扣除》都应按照会计准则规定的会计科目来设置,进而核算研发费用。

第六,费用的归集方式基本相同,《认定办法》和《税前扣除》都应当按照企业不同的研发项目分别归集直接的人工、材料等直接费用和通过分摊的间接费用。

(二)不同之处

1. 人员人工

《税前扣除》中仅包括直接从事研发活动人员的工资薪金、基本养老保险费、基本医疗保险费、失业保险费、工伤保险费、生育保险费和住房公积金,以及外聘研发人员的劳务费用。《认定办法》中人员还包括科技人员,辅助人员及非在职(外聘)技术人员且全年累计工作183天以上的研发人员报酬及与其任职或受雇有关的其他支出。

2. 折旧与长期待摊费用

《税前扣除》中仅指专门用于研究开发活动的设备、仪器的折旧费用,《认定办法》中还包括研发项目在用建筑物的折旧费、研发设施的改装、改建、修理过程中发生的长期待摊费用。

3. 设计制作费

《税前扣除》中只指新产品设计费、新工艺规程制作费;《认定办法》中包括为新产品和新工艺的构思、开发和制造,进行工序、技术规范、操作特性方面的设计等发生的一系列费用。

4. 其他费用

《税前扣除》中规定其他费用总额不得超过可加计扣除研发费用总额的10%。《认定办法》中,其他费用包括办公费、通信费用、差旅费、专利申请维护费、高新科技研发保险费等内容范围要广得多,且该项费用占比不得超过研发费用总额的20%。

第四章
知识产权基础知识

4.1 知识产权基础

4.1.1 知识产权的定义

知识产权是指人们就其智力劳动成果所依法享有的专有权利,通常是国家赋予创造者对其智力成果在一定时期内享有的专有权或独占权。知识产权从本质上说是一种无形财产,他的客体是智力成果或是知识产品,是一种无形财产或者一种没有形体的精神财富,是创造性的智力劳动所创造的劳动成果。它与房屋、汽车等有形财产一样,都受到国家法律的保护,都具有价值和使用价值。有些重大专利、驰名商标或作品的价值也远远高于房屋、汽车等有形财产。

4.1.2 知识产权的特点

知识产权是一种无形财产,具有专有性、时间性、地域性以及法定性等特点。

1. 专有性

专有性即独占性或垄断性。除权利人同意或法律规定外,权利人以外的任何人不得享有或使用该项权利。这表明权利人独占或垄断的专有权利受严格保护,不受他人侵犯。只有通过"强制许可""征用"等法律程序,才能变更权利人的专有权。知识产权的客体是人的智力成果,既不是人身或人格,也不是外界的有体物或无体物,所以既不能属于人格权也不属于财产权。同时,知识产权是一个完整的权利,只是作为权利内容的利益兼具经济性与非经济性,因此也不能把知识产权说成是两类权利的结合。例如说著作权是著作人身权(或著作人格权或精神权利)与著作财产权的结合,是不对的。知识产权是一种内容较为复杂(多种权能),具经济的和非经济的两方面性质的权利。因而,知识产权应该与人格权、财产权并立而自成一类。

2. 时间性

时间性即只在规定期限内对知识产权进行保护。法律对各项权利的保护,都规定有一定的保护期,各国法律所规定保护期限长短可能一致,也可能不完全相同,只有参加国际协定或进行国际申请时,某项权利才会有统一的保护期限。

3. 地域性

地域性即只在所确认和保护的地域内有效。除签有国际公约或双边互惠协定外,经一国法律所保护的某项权利只在该国范围内发生法律效力。所以,知识产权具有地域性的特点。

4. 法定性

知识产权虽然是私权,但大部分知识产权的获得需要法定的程序。比如,商标权的获得需要经过登记注册。虽然法律也承认知识产权具有排他的独占性,但因人的智力成果具有高度的公共性,与社会文化和产业的发展有密切关系,不宜为任何人长期独占,所以法律对知识产权规定了很多限制。第一,从权利的发生上来看,法律为之规定了各种积极的和消极的条件以及公示的办法。例如:专利权的发生须经申请、审查和批准,对授予专利权的发明,实用新型和外观设计规定有各种条件(《专利法》第二十二条、第二十三条),对某些事项不授予专利权(《专利法》第二十五条)。著作权虽没有申请、审查、注册这些限制,但也有《著作权法》第三条、第五条的限制。第二,在权利的存续期上,法律都有特别规定。这一点是知识产权与所有权差别较大之处。第三,权利人负有一定的使用或实施的义务。法律规定有强制许可或强制实施许可制度。对著作权,法律规定了合理使用制度。

4.1.3 知识产权对企业的重要性

21 世纪是知识经济的时代,现如今,知识产权已经成为经济全球化背景下的制高点,它能够使企业获得超额利润,已成为企业乃至国家竞争的焦点,同样,如果不重视对知识产权的保护,则可以使得企业遭受巨大损失。在过去,企业因为没有重视知识产权的保护,而大受冲击、损失巨大的例子也不在少数。例如 20 世纪 90 年代初的 DVD 事件,我国万燕公司成功研制了采用数字压缩技术的放像设备 VCD,这一产品本可以给企业带来难以想象的巨大收益,但由于企业没有重视对该技术即知识产权的保护,外国企业在此基础上研制出清晰度更高的 DVD,并且申请专利予以保护,使得我国企业损失巨大。想想本是我国研发出的专利产品,而现在每年要向外国企业交纳近 10 亿元人民币的专利使用费用,这是何等憋屈!另外,思科起诉华为事件也再次让业界清醒地认识到知识产权的重要性。因此,如果我们不能在知识产权和技术标准上有所作为,那么就得受制于人,没有发言权,这样,又何谈有竞争优势?

在这一点上,海尔集团则做得十分出色。

海尔自 1987 年跨出知识产权战略的第一步起,就在全球范围内进行商标注册和保护。每一项技术创新方案都会去申请一项专利,若不申请专利,研发工作就不算结束,坚决实行 100% 专利申请率。海尔的知识产权战略使海尔名下的发明专利数量逐年增加。2006 年,自主知识产权拉动公司产品销售价格增长高达 20%以上。由于重视对知识产的保护,海尔将"技术专利化、专利标准化、标准国际化"演绎得淋漓尽致,海尔正通过不断的自主创新、依托于标准化和知识产权战略的全球布局,向世界级的领先企业稳步推进。

那么,对知识产权进行保护到底可以给企业带来哪些利益呢?首先,知识产权可以保护产品,专利产品可以排除竞争对手的模仿和复制,使得企业的产品在相关产品市场得到较大的市场份额。其次,对于企业来说,不仅要保护自己的产品不被他人侵权,也要防止自己的产品侵犯他人的权利,知识产权在这中间则起着十分重要的作用。此外,企业的资产包括有形资产和无形资产,而无形资产的价值往往比有形资产要大得多。因此,企业对于知识产权的保护可以维护企业利益。而且,知识产权也可以成为一个企业创新能力的证明。知识产权的拥有量能够强有力地证明企业的创新能力,以此来树立起企业品牌,就如同海尔集团一样,在开拓疆土的路上可以走得更远、更长久。对于知识产权的重要性,我们都知道,也早就有知识产权的专家提出:中国加入 WTO 以后的主要挑战可能是知识产权的法律问题。加入 WTO 以后,知识产权的作用也已突显出来,今后我国企业面临的知识产权纠纷将会不断增多,我国企业将会为当初对知识产权的淡漠付出沉重的代价。而围绕知识产权进行的竞争将成为全球化背景下企业竞争的最高级形式。所以在当今经济快速发展的时代,知识产权对企业的发展有着十分重要的意义,企业建立和完善知识产权保护制度是必须考虑并实施的问题。只有这样才能更好地保护本公司的知识产权不受侵犯,并且能更好地利用知识产权来鼓励员工创新、降低产品成本、增加企业利润、防止窃取研发成果,使得企业在激烈的竞争中可以占领专利的制高点,从而使得企业在复杂的经济环境中能够处于不败之地。

4.2 专利基础知识

4.2.1 专利的定义与特点

专利(patent)一词来源于拉丁语 Litterae patents,意为公开的信件或公共文献,是中世纪的君主用来颁布某种特权的证明。对"专利"这一概念,尚无统一的定义,其中较为人们接受并被我国专利教科书所普遍采用的一种说法是:专利是专利权的简称。它是由专利机构依据发明申请所颁发的一种文件。这种文件叙述发明的内容,并且产生一种法律状态,即该获得专利的发明在一般情况下只有得到专利所有人的许可才能利用(包括制造、使用、销售和进口等),专利的保护有时间和地域的限制。因此,专利是受法律规范保护的发明创造,它是指一项发明创造向国家审批机关提出专利申请,经依法审查合格后向专利申请人授予的在规定的时间内对该项发明创造享有的专有权。

专利的两个最基本的特征就是"独占"与"公开",以"公开"换取"独占"是专利制度最基本的核心,这分别代表了权利与义务的两面。"独占"是指法律授予技术发明人在一段时间内享有排他性的独占权利;"公开"是指技术发明人作为对法律授予其独占权的回报而将其技术公之于众人，使社会公众可以通过正常的渠道获得有关专利技术的信息。专利权是一种专有权，这种权利具有独占的排他性。非专利权人要想使用他人的专利技术，必须依法征得专利权人的同意或许可。国家依照其《专利法》授予的专利权，仅在该国法律的管辖范围内有效，对其他国家没有任何约束力，外国对其专利权不承担保护的义务，如果一项发明创造只在我国取得专利权，那么专利权人只在我国享有独占权或专有权。专利权的法律保护具有时间性，中国的发明专利权期限为二十年，实用新型专利权和外观设计专利权期限为十年，均自申请日起计算。

4.2.2 企业申请专利的好处

当今市场经济存在非常激烈的竞争，企业都希望自己的产品在市场上占有一席之地，要想达到这样的目的，企业就要把自己的发明创造及时申请专利，让自己的发明创造得到法律的保护。申请专利的主要目的是为了企业在市场竞争中争得主动，防止竞争对手将自己的发明创造申请专利，从而让自己的产品在市场上占有一席之地。企业申请专利对于自身发展的好处可以从宏观和微观两个层面来分析。

（一）宏观层面

在知识经济时代，知识产权已经成为经济全球化背景下企业发展和竞争的制高点。知识产权使企业获得和维持市场竞争优势。如今，知识产权壁垒对于占领市场和保护市场的作用不断地涌现出来，正成为非关税壁垒的主导形式之一。而在目前鼓励创新、保护创新、重视知识产权的大的社会环境下，知识产权已经成为现代经济竞争的最重要的筹码，对知识产权的占有、保护以及如何利用知识产权所形成的技术壁垒，参与越来越激烈的国际竞争，这将直接影响企业的市场竞争力。专利对于企业的重要性主要体现在以下几个方面。

（1）保护自身产品。企业研发新产品必然会投入大量的人力、物力和财力，如果不对该新产品进行有效保护，那么竞争对手便会通过模仿、复制、反向工程、商业间谍等不正当手段低成本地获得该生产技术，从而生产出新产品参与市场竞争。由于其新产品没有投入研发成本，价格自然较低，这样会严重损害投入研发成本的创新企业，有时这种损害是致命的。若将研发的新产品以专利的形式加以保护，首先可以排除竞争对手的模仿和复制，提高该产品在相关产品市场中的市场份额。

（2）防御对他人的侵权。对企业而言，在保护自己的产品不被侵权的同时，更要做到防止自己的产品侵犯他人的知识产权。通过对相关企业拥有的知识产权状况的实时跟踪考察，一方面可以避免自己重复研发那些早已是现有技术的项目，杜绝了科技浪费；另一方面可以避免陷入知识产权诉累，降低了被告的风险。因此，企业的知识产权像盾一样，能够有效抵御其他企业的矛的攻击。

（3）增加企业的无形资产。企业资产不仅包括看得见、摸得着的有形资产，而且还包括看不见、摸不着的无形资产，此无形资产主要便是指知识产权。时下流行的一句话"四流企业卖劳动力,三流企业卖技术,二流企业卖品牌,一流企业卖专利,超一流企业卖标准",便形象地描述了知识产权这项无形资产对企业的重要程度。无形资产的价值往往比有形资产的价值大得多。

知识产权是企业创新能力的证明。要想了解一个企业的创新能力,一个简单的方法便是了解企业的知识产权拥有量。知识产权拥有量能够强有力地证明企业的创新能力。在企业之间的经济往来中,一个企业所拥有的高质量的知识产权往往比那些有形的资产更能博得合作方的青睐。比如一个具有业内领先水平的专利,是其拥有者强大实力的最有说服力的证明,会给合作方或客户提供一种安全、可靠的印象,以此获取客户信任,树立企业品牌。

知识产权是企业开辟收入来源的重要渠道。美国的《幸福》杂志在其一份调查报告中指出:世界上销售额最高的公司,恰恰是专利拥有最多的企业,如美国杜邦公司有3.1万件专利,柯达拥有2.7万件,松下电器每年申请的专利高达1万件。按照技术专利化、专利标准化、标准许可化的基本模式,企业可以通过知识产权转让、许可等获得不菲的收益。IBM公司一年的总利润是81亿美元,仅专利转让收入就有17亿美元。这也就是说,IBM一年卖专利的钱相当于西安市两年多的财政收入。总部设在美国圣地亚哥的高通公司,凭借它拥有的移动通讯CDMA的1 400多项专利,已经从生产企业变成一个知识产权专卖店。此外,知识产权还可以增加商品的溢价,具有广泛赞誉的品牌商品可以比同类一般商品收获更多的利润。

知识产权是企业投融资的重要手段。拥有自主知识产权的企业,可以利用知识产权来投资。此外,知识产权还可以为企业带来许多利益,如无形的广告效应、申请政府项目、获取政府资金支持,等等。因此,知识产权是一种能够为企业带来巨大经济效益的战略资源。综上所述,知识产权战略是企业保护自己、参与竞争的一项重要武器,无论是防御还是进攻,均可有备而战。因此,企业经营战略应当包括知识产权战略,并且以知识产权战略为企业经营战略的核心已成为一种必然趋势。

(二)微观层面

从微观角度即企业自身的角度来看,企业拥有自己的专利权,不仅能够给企业带来长远的利益,而且在短期内也能够为企业带来切实的利益,其具体表现在以下几个方面。

(1)有助于保护自己的技术。自己开发的新产品、新方法,以及产品或方法的改进都可以申请专利,通过以专利的公开活动专利的独占许可,从而得到《专利法》的保护。在这个知识产权时代,法律为创造性的智力劳动提供了保护,如果企业有自己的创新成果而放弃专利的保护,那么无异于将自己的财产抛弃,这显然与该经济时代相背离。

(2)有助于增加企业的无形资产。企业申请专利或者授权后,可以依照《专利法》进行专利转让、专利许可、专利质押融资;如果企业在专利许可过程中,对专利技术进行改进,申请专利,还可以与原始专利权人进行交叉许可,不再支付或者减少许可费用,这对于增加企业效益是立竿见影的。

(3) 有助于企业的长远的发展规划。孔子云:"人无远虑必有近忧"(《论语·卫灵公》)。对于一个企业更是如此,没有长远的规划,只立足于当下,很难有长远的发展,在这个风云变幻的时代更是充满了种种危险,2008年席卷全球的金融危机就为我们敲响了警钟,拥有自主知识产权和自主专利的企业,大多能够渡过金融危机,而没有自主知识产权和自主专利的企业则面临着巨大的生存压力。

(4) 可以获得国家的资助。现阶段正是国家鼓励创新的时期,国家、省、市以及区一级在财政上都给予大力的支持。目前国家进行减免的费用包括:申请费、实质审查费、复审费以及年费[①]。

4.2.3 专利的类型

专利的种类在不同的国家有不同的规定,在我国《专利法》中规定有:发明专利、实用新型专利和外观设计专利;在香港《专利法》中规定有:标准专利(相当于大陆的发明专利)、短期专利(相当于大陆的实用新型专利)、外观设计专利;在部分发达国家中分类:发明专利和外观设计专利。在中国,专利局采用国际专利分类对发明专利申请和实用新型专利申请进行分类,以最新版的国际专利分类表中文译本为工作文本,有疑义时以相同版的英文或法文版本为准。分类的目的是:建立有利于检索的专利申请文档;将发明专利申请和实用新型专利申请分配给相应的审查部门;按照分类号编排发明专利申请和实用新型专利申请,系统地向公众公布或者公告。

1. 发明专利

发明是指对产品、方法或者其改进所提出的新的技术方案(我国《专利法》第二条第二款)。发明专利并不要求它是经过实践证明可以直接应用于工业生产的技术成果,它可以是一项解决技术问题的方案或是一种构思,具有在工业上应用的可能性,但这也不能将这种技术方案或构思与单纯地提出课题、设想相混同,因为单纯的课题、设想不具备工业上应用的可能性。

2. 实用新型专利

实用新型是指对产品的形状、构造或者其结合所提出的适于实用的新的技术方案。(我国《专利法》第二条第三款)。同发明一样,实用新型保护的也是一个技术方案。但实用新型专利保护的范围较窄,它只保护有一定形状或结构的新产品,不保护方法以及没有固定形状的物质。实用新型的技术方案更注重实用性,其技术水平较发明而言,要低一些,多数国家实用新型专利保护的都是比较简单的、改进性的技术发明,可以称为"小发明"。实用新型是指对产品的形状、构造或者其结合所提出的适于实用的新的技术方案,授予实用新型专利不需经过实质审查,手续比较简便,费用较低,因此,关于日用品、机械、电器等方面的有形产品的小发明,比较适用于申请实用新型专利。

---

① 朱少华演讲稿:《专利对于企业的作用》,南京知识律师事务所。

3. 外观设计专利

外观设计是指对产品的形状、图案或其结合以及色彩与形状、图案的结合所作出的富有美感并适于工业应用的新设计(我国《专利法》第二条第四款)。并在《专利法》第二十三条对其授权条件进行了规定:"授予专利权的外观设计,应当不属于现有设计;也没有任何单位或者个人就同样的外观设计在申请日以前向国务院专利行政部门提出过申请,并记载在申请日以后公告的专利文件中","授予专利权的外观设计与现有设计或者现有设计特征的组合相比,应当具有明显区别",以及"授予专利权的外观设计不得与他人在申请日以前已经取得的合法权利相冲突"。外观设计与发明、实用新型有着明显的区别,外观设计注重的是设计人对一项产品的外观所作出的富于艺术性、具有美感的创造,但这种具有艺术性的创造,不是单纯的工艺品,它必须具有能够在产业上有所应用的实用性。外观设计专利实质上是保护美术思想的,而发明专利和实用新型专利保护的是技术思想;虽然外观设计和实用新型与产品的形状有关,但两者的目的却不相同,前者的目的在于使产品形状产生美感,而后者的目的在于使具有形态的产品能够解决某一技术问题。例如一把雨伞:若它的形状、图案、色彩相当美观,那么应申请外观设计专利;若它的伞柄、伞骨、伞头结构设计精简合理,可以节省材料又有耐用的功能,那么应申请实用新型专利。

4.2.4 授予专利权的实质性条件

授予专利权的条件是指一项发明创造获得专利权应当具备的实质性条件。一项发明或者实用新型获得专利权的实质条件为新颖性、创造性和实用性。

1. 新颖性

新颖性是指该发明或者实用新型不属于现有技术;也没有任何单位或者个人就同样的发明或者实用新型在申请日以前向国务院专利行政部门提出过申请,并记载在申请日以后(含申请日)公布的专利申请文件或者公告的专利文件中。根据《专利法》第二十二条第五款的规定,现有技术是指申请日以前在国内外为公众所知的技术。现有技术包括在申请日(有优先权的,指优先权日)以前在国内外出版物上公开发表、在国内外公开使用或者以其他方式为公众所知的技术。现有技术公开方式包括出版物公开、使用公开和以其他方式公开三种,均无地域限制。根据《专利法》第二十二条第二款的规定,在发明或者实用新型新颖性的判断中,由任何单位或者个人就同样的发明或者实用新型在申请日以前向专利局提出并且在申请日以后(含申请日)公布的专利申请文件或者公告的专利文件损害该申请日提出的专利申请的新颖性。为描述简便,在判断新颖性时,将这种损害新颖性的专利申请,称为抵触申请。在某些特殊情况下,尽管申请专利的发明或者实用新型在申请日或者优先权日之前公开,但在一定的期限内提出专利申请的,仍然具有新颖性。我国《专利法》第二十四条规定申请专利的发明创造在申请日以前6个月内,有下列情况之一的,不丧失新颖性:在中国政府主办或者承认的国际展览会上首次展出的;在规定的学术会议或者技术会议上首次发表的;他人未经申请人同意而泄露其内容的。我国《专利法》

规定：外观设计获得专利权的实质条件为新颖性和美观性。新颖性是指申请专利的外观设计与申请日以前已经在国内外出版物上公开发表的外观设计不相同或者不相近似、与申请日前已在国内公开使用过的外观设计不相同或者不相近似；美观性是指外观设计用在产品上时能使人产生一种美感，增加产品对消费者的吸引力。

2. 创造性

一件发明专利申请是否具备创造性，只有在该发明具备新颖性的条件下才予以考虑。发明的创造性，是指与现有技术相比，该发明有突出的实质性特点和显著的进步。发明有突出的实质性特点，是指对所属技术领域的技术人员来说，发明相对于现有技术是非显而易见的。如果发明是所属技术领域的技术人员在现有技术的基础上仅仅通过合乎逻辑的分析、推理或者有限的试验可以得到的，则该发明是显而易见的，也就不具备突出的实质性特点。发明有显著的进步，是指发明与现有技术相比能够产生有益的技术效果。发明是否具备创造性，应当基于所属技术领域的技术人员的知识和能力进行评价。所属技术领域的技术人员，也可称为本领域的技术人员，是指一种假设的"人"，假定他知晓"申请日或者优先权日之前"发明所属技术领域所有的普通技术知识，能够获知该领域中所有的现有技术，并且具有应用该日期之前常规实验手段的能力，但他不具有创造能力。如果所要解决的技术问题能够促使本领域的技术人员在其他技术领域寻找技术手段，他也应具有从该其他技术领域中获知该申请日或优先权日之前的相关现有技术、普通技术知识和常规实验手段的能力。例如，发明克服了现有技术中存在的缺点和不足，或者为解决某一技术问题提供了一种不同构思的技术方案，或者代表某种新的技术发展趋势。例如：申请专利的发明解决了人们渴望解决但一直没有解决的技术难题；申请专利的发明克服了技术偏见；申请专利的发明取得了意想不到的技术效果；申请专利的发明在商业上获得成功。一项发明专利是否具有创造性，前提是该项发明是否具有新颖性。

3. 实用性

实用性是指该发明或者实用新型能够制造或者使用，并且能够产生积极的效果。即不造成环境污染以及能源或者资源的严重浪费，不会损害人体健康。《专利法》第二十二条第四款所说的"能够制造或者使用"是指发明或者实用新型的技术方案具有在产业中被制造或使用的可能性。满足实用性要求的技术方案不能违背自然规律并且应当具有再现性。因不能制造或者使用而不具备实用性是由技术方案本身固有的缺陷引起的，与说明书公开的程度无关。如果申请专利的发明或者实用新型缺乏技术手段，申请专利的技术方案违背自然规律，或利用独一无二自然条件所完成的技术方案，则不具有实用性[①]。

4.2.5 不授予专利权的对象

对发明创造授予专利权必须有利于其推广应用，促进我国科学技术进步和创新及适

[①] 《专利审查指南》第二部分第三章、第四章、第五章。

应社会主义现代化建设的需要。考虑到国家和社会的利益，《专利法》对专利保护的范围做了某些限制性规定，一方面，《专利法》第五条规定，对违反国家法律、社会公德或者妨害公共利益的发明创造不授予专利权；另一方面，《专利法》第二十五条规定了不授予专利权的客体。

（一）《专利法》第五条规定不授予专利权的对象

根据《专利法》第五条第一款的规定，发明创造的公开、使用、制造违反了国家法律、社会公德或者妨害了公共利益的，不能被授予专利权。这是一个总的原则。国家法律、社会公德和公共利益的含义较广泛，常因时期、地区的不同而有所变化，有时由于原有的法律作了修改，某些限制因而被解除。

1. 违反法律的发明创造

法律，是指由全国人民代表大会或者全国人民代表大会常务委员会依照立法程序制定和颁布的法律。它不包括行政法规和规章。发明创造与法律相违背的，不能被授予专利权。例如：用于赌博的设备、机器或工具；吸毒的器具；伪造国家货币、票据、公文、证件、印章、文物的设备等都属于违反法律的发明创造，不能被授予专利权。发明创造并没有违反法律，但是由于其被滥用而违反法律的，则不被授予专利权。例如，用于医疗的各种毒药、麻醉品、镇静剂、兴奋剂和用于娱乐的棋牌等。《专利法实施细则》第十条规定：《专利法》第五条所称违反法律的发明创造，不包括仅其实施为法律所禁止的发明创造。其含义是，如果仅仅是发明创造的产品的生产、销售或使用受到法律的限制或约束，则该产品本身及其制造方法并不属于违反法律的发明创造。例如，用于国防的各种武器的生产、销售及使用虽然受到法律的限制，但这些武器本身及其制造方法仍然属于可给予专利保护的客体。

2. 违反社会公德的发明创造

社会公德，是指公众普遍认为是正当的、并被接受的伦理道德观念和行为准则。它的内涵基于一定的文化背景，随着时间的推移和社会的进步不断发生变化，而且因地域不同而各异。中国《专利法》中所称的社会公德限于中国境内。发明创造与社会公德相违背的，不能被授予专利权。例如：带有暴力凶杀或者淫秽的图片或者照片的外观设计，非医疗目的的人造性器官或者其替代物，人与动物交配的方法，改变人生殖系遗传同一性的方法或改变了生殖系遗传同一性的人，克隆的人或克隆人的方法，人胚胎的工业或商业目的的应用，可能导致动物痛苦而对人或动物的医疗没有实质性益处的改变动物遗传同一性的方法等，上述发明创造违反社会公德，不能被授予专利权。

3. 妨害公共利益的发明创造

妨害公共利益，是指发明创造的实施或使用会给公众或社会造成危害，或者会使国家和社会的正常秩序受到影响。发明创造以致人伤残或损害财物为手段的，如一种使盗窃者双目失明的防盗装置及方法，不能被授予专利权。发明创造的实施或使用会严重污染环境、严重浪费能源或资源、破坏生态平衡、危害公众健康的，不能被授予专利权。专利申请的文字或者图案涉及国家重大政治事件或宗教信仰、伤害人民感情或民族感情或者宣传封建迷信的,不能被授予专利权。但是,如果发明创造因滥用而可能造成妨害公共利益的,或者发明创造在产生积极效果的同时存在某种缺点的,例如对人体有某种副作用的药品,则不能以"妨害公共利益"为理由拒绝授予专利权。

部分违反《专利法》第五条第一款的申请。如果一件专利申请中含有违反法律、社会公德或者妨害公共利益的内容,而其他部分是合法的,则该专利申请称为部分违反《专利法》第五条第一款的申请。对于这样的专利申请,审查员在审查时,应当通知申请人进行修改,删除违反《专利法》第五条第一款的部分。如果申请人不同意删除违法的部分,就不能被授予专利权。例如:一项"投币式弹子游戏机"的发明创造,游戏者如果达到一定的分数,机器则抛出一定数量的钱币。审查员应当通知申请人将抛出钱币的部分删除或对其进行修改,使之成为一个单纯的投币式游戏机。否则,它即使是一项新的有创造性的技术方案,也不能被授予专利权。

(二)《专利法》第二十五条不授予专利权的客体

专利申请要求保护的主题属于《专利法》第二十五条第一款所列五种不授予专利权的客体的,不能被授予专利权。《专利法》第二十五条第一款所列的不授予专利权的客体不仅适用于发明,也适用于实用新型。

1. 科学发现

科学发现,是指对自然界中客观存在的现象、变化过程及其特性和规律的揭示。科学理论是对自然界认识的总结,是更为广义的发现。它们都属于人们认识的延伸。这些被认识的物质、现象、过程、特性和规律不同于改造客观世界的技术方案,不是《专利法》意义上的发明创造,因此不能被授予专利权。例如,发现卤化银在光照下有感光特性,这种发现不能被授予专利权,但是根据这种发现制造出的感光胶片以及此感光胶片的制造方法则可以被授予专利权。又如,从自然界找到一种以前未知的以天然形态存在的物质,仅仅是一种发现,不能被授予专利权。应当指明,发明和发现虽有本质不同,但两者关系密切。通常,很多发明是建立在发现的基础之上的,进而,发明又促进了发现。发明与发现的这种密切关系在化学物质的"用途发明"上表现最为突出,当发现某种化学物质的特殊性质之后,利用这种性质的"用途发明"则应运而生。

2. 智力活动的规则和方法

智力活动,是指人的思维运动,它源于人的思维,经过推理、分析和判断产生出抽象的结果,或者必须经过人的思维运动作为媒介才能间接地作用于自然产生结果,它仅是指导人们对信息进行思维、识别、判断和记忆的规则和方法,由于其没有采用技术手段或者利用自然法则,也未解决技术问题和产生技术效果,因而不构成技术方案。它既不符合《专利法实施细则》第二条第一款的规定,又属于《专利法》第二十五条第一款第(二)项规定的情形,因此,指导人们进行这类活动的规则和方法不能被授予专利权。

3. 疾病的诊断和治疗方法

疾病的诊断和治疗方法是指以有生命的人体或者动物体为直接实施对象，进行识别、确定或消除病因或病灶的过程。出于人道主义的考虑和社会伦理的原因，医生在诊断和治疗过程中应当有选择各种方法和条件的自由。另外，这类方法直接以有生命的人体或动物体为实施对象，无法在产业上利用，不属于《专利法》意义上的发明创造。因此疾病的诊断和治疗方法不能被授予专利权。但是，用于实施疾病诊断和治疗方法的仪器或装置，以及在疾病诊断和治疗方法中使用的物质或材料属于可被授予专利权的客体。

（1）诊断方法。诊断方法是指为识别、研究和确定有生命的人体或动物体病因或病灶状态的全过程。一项与疾病诊断有关的方法只有同时满足以下三个条件，才属于不授予专利权的诊断方法：以有生命的人体或动物体为对象；以获得疾病诊断结果为直接目的；包括诊断全过程。判断一项与疾病诊断有关的方法发明是否真正属于疾病的诊断方法时，不仅应当考虑该方法是否在表述形式上包含了上述条件的全部内容，而且应当分析该发明实质上是否满足上述条件。比如，一项发明仅仅涉及从人体获取生理参数的方法，从表述形式上看，并不满足上述三个条件，但是如果根据现有技术中的医学知识，只要知晓所说的生理参数，就能直接获得疾病的诊断结果，则该发明实质上也是一种诊断方法，仍然不能被授予专利权。

（2）治疗方法。治疗方法，是指为使有生命的人体或者动物体恢复或获得健康或减少痛苦，进行阻断、缓解或者消除病因或病灶的过程。治疗方法包括以治疗为目的或者具有治疗性质的各种方法。预防疾病或者免疫的方法视为治疗方法。对于既可能包含治疗目的，又可能包含非治疗目的的方法，应当明确说明该方法用于"非治疗目的"，否则不能被授予专利权。

不能被授予专利权的治疗方法指以治疗或预防疾病为直接目的、在有生命的人体或动物体上实施的方法，例如外科手术治疗方法、药物治疗方法、心理疗法。需要指出的是，虽然使用药物治疗疾病的方法是不能被授予专利权的，但是，药物本身是可以被授予专利权的。

4. 动物和植物品种

动物和植物是有生命的物体。根据《专利法》第二十五条第一款第（四）项的规定，动物和植物品种不能被授予专利权。《专利法》所称的动物，是指不能自己合成，而只能靠摄取自然的碳水化合物及蛋白质来维系其生命的生物。《专利法》所称的植物，是指可以借助光合作用，以水、二氧化碳和无机盐等无机物合成碳水化合物、蛋白质来维系生存，并通常不发生移动的生物。动物和植物品种可以通过《专利法》以外的其他法律保护，例如：植物新品种可以通过《植物新品种保护条例》给予保护。根据《专利法》第二十五条第二款的规定，对动物和植物品种的生产方法，可以授予专利权。但这里所说的生产方法是指非生物学的方法，不包括生产动物和植物主要是生物学的方法。一种方法是否属于"主要是生物学的方法"，取决于在该方法中人的技术介入程度；如果人的技术介入对该方法所要达到的目的或者效果起了主要的控制作用或者决定性作用，则这种方法不属于"主要是生物学的方法"，可以被授予专利权。例如：采用辐照饲养法生产高产牛奶的乳牛的方法；改进饲养方法生产瘦肉型猪的方法等可以被授予发明专利权。所谓微生物发明是指利用各种细菌、真菌、病毒等微生物去生产一种化学物质（如抗生素）或者分解一种物质等的发明。微生物和微生物方法可以获得专利保护。

5. 原子核变换方法和用该方法获得的物质

原子核变换方法以及用该方法所获得的物质关系到国家的经济、国防、科研和公共生活的重大利益，不宜为单位或私人垄断，因此不能被授予专利权。原子核变换方法，是指使一个或几个原子核经分裂或者聚合，形成一个或几个新原子核的过程，例如：完成核聚变反应的磁镜阱法、封闭阱法以及实现核裂变的各种类型反应堆的方法等，这些变换方法是不能被授予专利权的。但是，为实现原子核变换而增加粒子能量的粒子加速方法（如电子行波加速法、电子驻波加速法、电子对撞法、电子环形加速法等），不属于原子核变换方法，属于可授予发明专利权的客体。为实现核变换方法的各种设备、仪器及其零部件等，均属于可授予专利权的客体。用原子核变换方法所获得的物质，主要是指用加速器、反应堆以及其他核反应装置生产、制造的各种放射性同位素，这些同位素不能被授予发明专利权。但是，这些同位素的用途以及使用的仪器、设备属于可授予专利权的客体[①]。

4.2.6 专利的法律保护

专利权的法律保护是依照《专利法》和有关法律，为了恢复与保护专利权人被破坏或侵害的利益，而对侵权人实施强制性的法律措施。在现实生活中，侵犯专利权的行为是多种多样的，性质也各不相同。因此，实施对专利权的法律保护方式一般分为专利权的行政保护、专利权的民法保护以及专利权的刑法保护。

（一）行政保护

专利权的行政保护就是通过行政程序，由国家行政管理机关，用行政手段，对专利权实行法律保护。根据《专利法》的规定，对未经专利权人许可，实施其专利的侵权行为，专利权人或者利害关系人可以请求专利管理机关进行处理。专利管理机关是指国务院有关主管部门和各省、自治区、直辖市、开放城市和经济特区人民政府设立的专利管理机关。专利管理机关在处理侵权行为时，有权责令侵权人停止侵权行为，并赔偿损失。

（二）民法保护

在司法实践中，侵犯专利权的行为多属于民事侵权行为，因此对专利侵权的民事制裁是最重要的一种法律保护方式。当专利权人的专利权被他人侵犯时，被侵权人可以向人民法院起诉，来追究侵权人的民事责任。人民法院在保护专利权人的利益时，通常采取下列措施：强制侵权人停止侵权活动；没收侵权人的仿制产品；赔偿专利权人的经济损失；

---

① 《专利审查指南》第二部分第二章。

责令侵权人采取措施,恢复专利权人的信誉。侵犯专利权的诉讼时效为2年,自专利权人或者利害关系人得知或者应当得知侵权行为之日起计算。

(三)刑法保护

专利权的刑法保护是指侵犯专利权的行为,情节严重,触犯刑律构成犯罪,通过依法追究侵权人的刑事责任以保护专利权人的合法权益。根据《专利法》的规定,构成专利犯罪的行为,主要有:(1)假冒他人专利,即非专利权人在自己的产品或包装上弄虚作假,加上专利权人的专利产品标记或专利号,非法销售和牟取利润。情节严重的,应比照刑法的规定,追究刑事责任。(2)专利局工作人员及有关国家工作人员徇私舞弊的,由专利局或有关主管机关给予行政处分。情节严重的,应比照刑法的规定,追究刑事责任。(3)擅自向外国申请专利、泄露国家重要机密的,由所在单位或上级主管机关给予行政处分。情节严重的,依法追究刑事责任。

值得注意的是,专利权的地域性与独占性,决定了专利权的法律保护特征也具有地域性和未经许可实施专利构成侵权行为的实质性特征。专利权的时间性又决定了专利权的法律保护特征具有时效性。

4.2.7 专利申请流程

发明专利的申请流程如下。

(1)电子提交申请文本:3天内受理,由国务院专利管理部门出具受理通知书(电子件);受理通知书包含专利的申请日、申请号等信息。在收到受理通知书15天内或者申请日2个月内缴纳专利申请费。

(2)初步审查:在缴纳申请费后,专利局对提交的申请文件是否符合《专利法》及其实施细则的规定,发现存在可以补正的缺陷时,通知申请人以补正的方式消除缺陷,使其符合公布的条件;发现存在不可克服的缺陷时,发出审查意见通知书,指明缺陷的性质,并通过驳回的方式结束审查程序。发明专利自申请日18个月内即行公开,公开后即可查询;专利局也可以根据申请人的请求早日公布其申请。

(3)实质审查:发明专利申请自申请日起三年内,国务院专利行政部门可以根据申请人随时提出的请求,对其申请进行实质审查;申请人无正当理由逾期不请求实质审查的,该申请即被视为撤回。同时,国务院专利行政部门认为必要的时候,可以自行对发明专利申请进行实质审查。申请人提交实质审查请求书的同时需缴纳实质审查费。在申请人提交实质审查请求书3个月内国务院专利部门下发进入实质审查通知书;审查后下发审查意见通知书,第一次答复意见期限为4个月,未在期限内答复视为撤回,往后答复意见期限为2个月。

(4)授予专利证书:发明专利申请经实质审查没有发现驳回理由的,由国务院专利行政部门作出授予发明专利权的决定,下发发明专利证书,同时予以登记和公告。发明专利权自公告之日起生效。申请人于收到办理登记手续通知书与授予专利权通知书的2个月内缴纳办理登记费,一个月内下发专利证书,如未缴费视为专利撤回。拿到专利证书后,专利进入年费缴纳阶段,每年对应申请日前后一个月缴纳下一年度费用。年费缴纳标准:1—3年,每年900元;4—6年,每年1200元;7—9年,每年2000元;10—12年,每年4000元;13—15年,6000元;16—20年,8000元。

4.2.8 专利撰写方法与技巧

根据《专利法实施细则》第十七条的规定,发明或者实用新型专利申请的说明书应当写明发明或者实用新型的名称,该名称应当与请求书中的名称一致。说明书应当包括以下组成部分。

（1）技术领域:写明要求保护的技术方案所属的技术领域。

（2）背景技术:写明对发明或者实用新型的理解、检索、审查有用的背景技术;有可能的,并引证反映这些背景技术的文件。

（3）发明或者实用新型内容:写明发明或者实用新型所要解决的技术问题以及解决其技术问题采用的技术方案,并对照现有技术写明发明或者实用新型的有益效果。

（4）附图说明:说明书有附图的,对各幅附图作简略说明。

（5）具体实施方式:详细写明申请人认为实现发明或者实用新型的优选方式;必要时,举例说明;有附图的,对照附图说明。

发明或者实用新型的说明书应当按照上述方式和顺序撰写,并在每一部分前面写明标题,除非其发明或者实用新型的性质用其他方式或者顺序撰写能够节约说明书的篇幅并使他人能够准确理解其发明或者实用新型。

发明或者实用新型说明书应当用词规范、语句清楚,并且不得使用"如权利要求……所述的……"一类的引用语,也不得使用商业性宣传用语。

1. 撰写技巧

权利要求书和说明书的撰写应当在充分理解技术交底书具体技术内容以及了解其现有技术状况的基础上进行。

2. 权利要求书撰写技巧

（1）权利要求书应当满足的实质性要求。

权利要求应当满足两个要求:

① 权利要求书应当以说明书为依据;

② 权利要求书应当清楚、简要地限定要求专利保护的范围。

（2）独立权利要求应当满足的实质性要求。

独立权利要求应当满足如下三个方面的要求:

① 独立权利要求应当记载必要技术特征;

② 独立权利要求应当具备新颖性和创造性;

③ 多项独立权利要求之间应满足单一性要求。

(3) 从属权利要求应当满足的实质性要求。

从属权利要求应当满足的要求：

① 从属权利要求的主题名称应当与被引用权利要求主题名称相同；

② 从属权利要求应当用附加的技术特征，对引用的权利要求作进一步限定；

③ 从属权利要求的技术方案也必须是完整的技术方案。

3. 说明撰写技巧

对权利要求中的每一句话进行扩展解释，组织语言表达清楚，尽量列举说明，选取最具代表性的2—3种方案展开，每种方案展开后列举该方案的有益效果。

4.3 软件著作权的保护

4.3.1 软件著作权的基本概念

计算机软件，无论是系统软件还是应用软件均受法规保护。一项软件包括计算机程序及其相关文档。计算机程序指代码化指令序列，或者可被自动转换成代码化指令序列的符号化指令序列或者符号化语句序列。无论是程序的目标代码还是源代码均受法规保护。计算机文档则是指用自然语言或者形式化语言所编写的文字资料和图表，用来描述程序的内容、组成、设计、功能规格、开发情况、测试结果及使用方法，如程序设计说明书、流程图、用户手册等。软件受保护的必要条件是：必须由开发者独立开发，并已固定在某种有形物体(如磁带、胶片等)上。著作权法规所保护的是作品中构思的表现，至于作品中的构思本身则不是该法规的保护对象，对软件的著作权保护不能扩大到开发软件所用的思想、概念、发现、原理、算法、处理过程和运行方法。

根据《计算机软件保护条例》第二章第八条，软件著作权人享有下列各项权利：

(1) 发表权，即决定软件是否公之于众的权利；

(2) 署名权，即表明开发者身份，在软件上署名的权利；

(3) 修改权，即对软件进行增补、删节，或者改变指令、语句顺序的权利；

(4) 复制权，即将软件制作一份或者多份的权利；

(5) 发行权，即以出售或者赠与方式向公众提供软件的原件或者复制件的权利；

(6) 出租权，即有偿许可他人临时使用软件的权利，但是软件不是出租的主要标的的除外；

(7) 信息网络传播权，即以有线或者无线方式向公众提供软件，使公众可以在其个人选定的时间和地点获得软件的权利；

(8) 翻译权，即将原软件从一种自然语言文字转换成另一种自然语言文字的权利；

(9) 应当由软件著作权人享有的其他权利。

软件著作权人可以许可他人行使其软件著作权，并有权获得报酬。

软件著作权人可以全部或者部分转让其软件著作权,并有权获得报酬。

4.3.2 软件著作权的登记流程

一、网上填写申请表

中国版权保护中心(http://www.ccopyright.com.cn)是国家版权局认定的唯一的软件著作权登记机构,目前除北京地区设有软件著作权代办机构,其他各地都需要在中国版权保护中心进行软件著作权登记。

(1) 注册用户名(用于软件著作权登记申请表的填写、修改、打印),用户名和密码一定要保存一下,以备将来办理软件著作权登记时要修改信息时所用。

软件著作权登记申请表要填写的内容包括:

A. 软件全称、简称、版本号、开发完成日期、软件开发情况(独立开发、合作开发、委托开发、下达任务开发);

B. 原始取得权利情况、继受取得权利情况;

C. 权利范围、软件用途;

D. 技术特点(软件名称、用途、技术特点、开发的软硬件环境、编程语言及编程语言版本号、程序量、零售价格);

E. 软件著作权拥有状态、申请者详细情况、软件鉴别材料交存方式、申请者签章。

(2) 将填写完的软件著作权申请表打印。

二、准备材料

(1) 软件源程序代码(A4 纸打印,单面,1 份)。

前、后各连续 30 页,共 60 页。(不足 60 页全部提交)第 60 页为模块结束页,每页不少于 50 行(结果页除外),在每页的左侧留出装订线,右上角打印或标注页号 1—60。

(2) 软件用户手册、操作手册、设计说明书、使用说明书等任选一种。

前、后各连续 30 页,共 60 页。(不足 60 页全部提交)第 60 页为文档结束页,每页不少于 30 行(结果页除外),在每页的左侧留出装订线,右上角打印或标注页号 1—60。(若希望多交文档,每多交一种文档需增加文档费),要图文并茂,软件的每个功能基本上都要涉及。

(3) 身份证明。

A. 著作权人为个人。

应提交身份证复印件一份,如有工作单位,可以要单位出具非职务软件开发证明,也可以个人出具非职务软件开发保证书。(非职务开发证明、非职务开发保证书在官网上可下载)

B. 著作权人为单位。

企业法人或事业法人的应提交有效的企业法人营业执照或事业单位法人证书副本复

印件,并需加盖单位公章;社团法人单位提交民政部门出具的有效的社团法人证书的复印件;其他组织提交工商管理机关或民政部门出具的证明文件复印件。

(4) 委托办理文件。

A. 授权委托书。

申请人委托代理人代为办理软件著作权登记申请的,应提交授权委托书。

B. 受委托人身份证复印件。

(5) 其他证明文件。

若申请者存在以下情况,需提交以下文件:

A. 合作开发——合作开发合同书或合作开发协议书1份A4纸;

B. 委托开发——委托开发协议书1份A4纸;

C. 下达任务开发——任务书1份A4纸。

三、递交文件

将以上材料递交到中国版权保护中心,经审查无误后,受理员将在软件著作权申请书上盖章,然后去缴费,拿到受理通知单。

四、领取软件著作权登记证书

按照规定,取得受理通知单30个工作日可以到中国版权保护中心领取软件著作权登记证书。

4.4 商标的保护

4.4.1 商标概述

一、商标的概念

《商标法》第八条规定:任何能够将自然人、法人或者其他组织的商品与他人的商品区别开的标志,包括文字、图形、字母、数字、三维标志、颜色组合和声音等,以及上述要素的组合,均可以作为商标申请注册。

从该法条中可以看出商标的两个特征:(1) 有显著性。即能够将不同生产商的商品或者服务区分开来。这点也是商标需要具备的最重要的特性。消费者在选购产品时,面对琳琅满目的商品,往往无从下手,通过不同的商标名称,就能很好地辨别不同的生产商所生产的产品。(2) 用在具体商品或服务上。商标必须用在有形的载体上,才能发挥它最大的作用——识别性。

通过上述内容可以总结出商标的概念:商标,是用在具体商品或者服务上,用以区分不同的生产商所提供的商品或者服务的具有显著性的标志。

二、商标的分类

根据商标的构成要素区分,可以将商标分为文字商标,如蒙牛、加多宝;图形商标,如奥迪汽车的标志;字母商标,如 KFC;数字商标,如 555 香烟;三维标志,也即立体商标,费列罗就把其巧克力的形状申请成了立体商标;颜色组合商标,是指两种或两者以上颜色的排列而形成的商标;组合商标,即含有多个要素组合而成的商标;2014 年《商标法》修正案将声音商标也列为可以注册的商标,像大家十分耳熟的诺基亚开机铃声,就是声音商标。目前国际上也有将气味作为商标可以注册,但是目前我国还未将此种商标列为可注册对象。

根据商标的使用对象分类,可以将商标分为商品商标、服务商标。商品商标是指用在具体的商品上的商标,如需注册此类商标,则选择《类似商品和服务区分表》的第 1—34 类,这些类别是属于商品商标注册的范畴;服务商标,则是指用在对外提供的服务上的商标,是《类似商品和服务区分表》的第 35—45 类。

根据商标的使用目的不同,可将商标分为联合商标和防御商标。联合商标是指商标权利人在同一个类别申请诸多近似的名称,比如娃哈哈,就同时在一个类别申请了如哈娃娃、哈哈娃的商标;而防御商标则是在不同的类别注册相同的名称,如米老鼠,就注册了 34 个类别之多。两者共同的目的都是为了保护核心商标名称,防止他人搭便车;区别则在于联合商标注册的名称与核心商标名称近似但不同,而防御商标的名称则是相同的;联合商标注册的是相同的类别,而防御商标注册的类别则不同。

根据是否注册,可将商标分为注册商标和未注册商标。《商标法》对于注册商标给予了极大力度的保护,商标注册成功后就享有商标专用权,可以禁止他人在相同或者类似商品或服务上使用相同或者近似的商标,且《商标法》第六十三条规定:侵犯商标专用权的赔偿数额,按照权利人因被侵权所受到的实际损失确定;实际损失难以确定的,可以按照侵权人因侵权所获得的利益确定;权利人的损失或者侵权人获得的利益难以确定的,参照该商标许可使用费的倍数合理确定。对恶意侵犯商标专用权,情节严重的,可以按照上述方法确定数额的一倍以上三倍以下确定赔偿数额。赔偿数额应当包括权利人为制止侵权行为所支付的合理开支。权利人因被侵权所受到的实际损失、侵权人因侵权所获得的利益、注册商标许可使用费难以确定的,由人民法院根据侵权行为的情节判决给予三百万元以下的赔偿。该条款给予法院的自由裁量权提高到了三百万,也是在 2014 年新法实施的时候修订的,可见对于商标侵权的重视。法律同时也对未注册商标给予了一定保护。《商标法》第十三条就针对"未注册的驰名商标"的保护做了相关规定:就相同或者类似商品申请注册的商标是复制、模仿或者翻译他人未在中国注册的驰名商标,容易导致混淆的,不予注册并禁止使用。《商标法》第三十二条针对"在先使用并有一定影响的未注册商标"也提供了保护:申请商标注册不得损害他人现有的在先权利,也不得以不正当手段抢先注册他人已经使用并有一定影响的商标。根据第三十二条的规定，未注册商标的保护必须满足以下2个条件：(1)在先使用；(2)有一定影响。从《商标法》的立法初衷来看，是鼓励积极申请商标注册的。同时，为了避免他人抢注等现象发生，也在法条中规定了对于知名的、有一定影响的未注册商标的保护。但必须注意的是，只有有一定影响了才能适用本条款，笔者在此还是建议积极申请商标，不要因为此条款的存在怠于申请商标，到商标被抢注了才后悔莫及，毕竟此条款的适用存在条件。

《商标法》中还规定了集体商标和证明商标。关于集体商标，《商标法》第三条第二款对其进行了解释：本法所称集体商标，是指以团体、协会或者其他组织名义注册，供该组织成员在商事活动中使用，以表明使用者在该组织中的成员资格的标志。集体商标有别于普通的商标，首先，集体商标的注册人必须是团体、协会或者其他组织，而普通商标的注册人可以是自然人、法人或者其他组织；其次，集体商标是所有组织内的成员都可以使用，普通商标则只有商标权利人才可以使用，其他人需要使用必须获得权利人的许可；再次，集体商标的使用目的是为了标明产品来源于该组织，而普通商标是为了标明产品来源于某一经营者。关于证明商标，《商标法》第三条第三款对其进行了规定：本法所称证明商标，是指由对某种商品或者服务具有监督能力的组织所控制，而由该组织以外的单位或者个人使用于其商品或者服务，用以证明该商品或者服务的原产地、原料、制造方法、质量或者其他特定品质的标志。证明商标是为了证明商品或者服务的特定品质，区别于普通商标的区分经营者的功能；且证明商标必须由有监督能力的组织控制，而该组织自己不能使用，只能由许可之外的符合条件的单位或者个人使用。

4.4.2 商标注册的条件

既然《商标法》给予了注册商标极大力度的保护，自然不是任何商标都能获得注册的。《商标法》对商标的注册条件作了相关的规定。

《商标法》第十条规定，下列标志不得作为商标使用：

（1）同中华人民共和国的国家名称、国旗、国徽、国歌、军旗、军徽、军歌、勋章等相同或者近似的，以及同中央国家机关的名称、标志、所在地特定地点的名称或者标志性建筑物的名称、图形相同的；

（2）同外国的国家名称、国旗、国徽、军旗等相同或者近似的，但经该国政府同意的除外；

（3）同政府间国际组织的名称、旗帜、徽记等相同或者近似的，但经该组织同意或者不易误导公众的除外；

（4）与表明实施控制、予以保证的官方标志、检验印记相同或者近似的，但经授权的除外；

（5）同"红十字""红新月"的名称、标志相同或者近似的；

（6）带有民族歧视性的；

(7) 带有欺骗性，容易使公众对商品的质量等特点或者产地产生误认的；

(8) 有害于社会主义道德风尚或者有其他不良影响的。

县级以上行政区划的地名或者公众知晓的外国地名，不得作为商标。但是，地名具有其他含义或者作为集体商标、证明商标组成部分的除外；已经注册的使用地名的商标继续有效。

此条款是商标禁止条款，凡是符合上述第一款所说的八项情况以及属于县级以上行政区划的地名或者公众知晓的外国地名，都不得注册为商标。第一款的规定是禁止使用的条款，不仅不能作为商标注册，甚至不能使用。

《商标法》第十一条规定，下列标志不得作为商标注册：

(1) 仅有本商品的通用名称、图形、型号的；

(2) 仅直接表示商品的质量、主要原料、功能、用途、重量、数量及其他特点的；

(3) 其他缺乏显著特征的。

前款所列标志经过使用取得显著特征，并便于识别的，可以作为商标注册。

该条款其实从侧面再一次规定了商标需要具备显著性。显著性，是商标必须具备的特性。产品本身的特点并不符合显著性这一规定，但是，该条款也规定了例外情况，即凡是通过使用具备显著特征的，只要具有了识别的功能，便可以作为商标使用，如"田七"牙膏，田七是一款中药名称，是牙膏的成分，原本是不具备显著性的，但经过大量的宣传使用，使其获得了识别功能，具有了显著性。因此，如果本身不具备显著性，只要在使用过程中能够起到商标的识别作用，自然也可以作为商标注册。

《商标法》第九条规定：申请注册的商标，应当有显著特征，便于识别，并不得与他人在先取得的合法权利相冲突。

此条款首先从正面再一次强调了商标需要具备显著特征；其次，强调不能和其他权利产生冲突。其所说的"在先合法权利"包括著作权、商号权、姓名权等一系列权利。凡是商标的注册和这些权利产生了冲突，则不得侵犯在先的这些权利。

从上述法条，笔者归纳出商标注册的条件：(1) 具备显著性；(2) 不得侵犯他人的在先权利；(3) 不得违反禁止使用的规定。

4.4.3 商标对于企业的重要性

一、商标对于企业的作用

1. 识别作用

这是商标最为重要的作用。商标的显著性的规定就是为了让消费者能够识别产品或者服务。面对市面上参差不齐的产品，消费者只有认准相关的品牌和对应的生产商，才能挑选出自己心仪的产品。而企业为了要吸引消费者，通过朗朗上口的商标名称也能在激烈的市场竞争中吸引消费者的目光。

2. 广告宣传作用

商标是企业最好的广告。商标往往是和企业绑定在一起的,通过大量的广告宣传,将商标传递到每个消费者,提高了商标的知名度,消费者在选购产品时也往往会选择知名度高的产品;如果产品质量又有一定保障,那消费者往往会认准该款商标,也会记住商标背后的企业。

3. 财产性

商标是企业的无形资产,是企业的无形财富。企业可以将商标进行质押,也可以通过无形资产进行投资。商标承载着企业的商誉,好的产品往往会带给消费者良好的体验,当消费者认准某一商标的时候,便会给企业带来无尽的利润。

二、企业商标战略

(一)企业如何注册商标

商标以先申请为原则,故企业注册商标要趁早。有时候往往差一天,便有数以万计的竞争者,就会错失良机。所以在产品上市之前,便应该早早地将名称确定好并提交注册申请,毕竟现在商标审查的周期要14—15个月,若等产品马上要上市了,再想名称去申请,往往很难保证商标的注册成功。

商标布局要全面,很多企业刚开始可能是做单一商品,认为只注册一个类别就足够了,在企业发展的过程中,想开发其他产品,这时候再想去补充其他类别,往往其他类别早已经被注册了,这时候就不得不放弃这个名称或者再重新取名。因此,在刚开始规划的时候,应该将日后可能会生产的,或者周边产品的类别都注册,这样可以防止发生想生产这款产品时无法生产的情况,同时也可以防止不良商家搭便车,从而败坏企业的良好品牌。例如,服装企业从刚开始便应该考虑到除了服装,还会有箱包、首饰、眼镜等相关产品的生产,因此应该提前将这些类别都予以注册申请。

企业注册商标的时候也可以根据自己公司的规划来选择是申请单一品牌还是多品牌战略。单一品牌,是指任何产品都只用一个商标名称,比如海尔集团,其旗下的洗衣机、冰箱等产品都只使用海尔这一个名称。单一品牌的好处在于只需要推广一个商标名称,便于宣传;不利之处在于只有一个商标名称,不利于区分档次、产品。多品牌战略,比如宝洁公司,将多品牌战略运用得十分灵活。其旗下有沙宣、海飞丝、飘柔等诸多洗发水品牌,不同品牌的洗发水代表了不同档次、不同功能,这也是多品牌战略的优势,可以通过不同品牌主打不同的产品优势、产品档次,缺点就是管理起来需要花费大量时间。当然,品牌战略并不是恒定的,企业可以在发展的过程中,及时改变战略。

在企业注册商标的过程中,还需要注意的是如果需要图形、中文和英文商标,是组合注册还是拆分注册。组合注册的话,其优势是简单,只需要申请一个商标就可以,但是其不如拆分注册的通过概率高。现在商标审查是按照元素审查,中文、英文、图形单独审查,只要其中一部分存在近似,则整体都会被驳回,故风险较大。而且使用起来也不如分开注册灵活,如果组合申请,那必须组合使用;拆分申请,则可以随意单独使用其中的一部分。

在商标的使用过程中,产生的别名、简称等名字也应及时申请注册商标。同时,企业可以根据自己的需求,考虑申请防御商标和集合商标。

(二)企业的商标管理

企业的商标应该形成一套商标体系,及时对商标查漏补缺,同时,面对法律法规的变化,不断调整,防止商标被撤销。

1. 规范使用

《商标法》第四十九条第一款规定:商标注册人在使用注册商标的过程中,自行改变注册商标、注册人名义、地址或者其他注册事项的,由地方工商行政管理部门责令限期改正;期满不改正的,由商标局撤销其注册商标。

因此,商标使用应该与申请时保持一致,不能自行改变注册商标的样式;如果确有必要更改的,也应及时补充申请。

如若商标的使用范围超出实际注册的类别,也应及时在对应的类别补充申请;且要避免侵权的风险,及时在相关类别检索,看该类别是否已有相同或近似的商标,如若没有,则再申请;如果存在相同或者十分近似的,则应及时改变策略,寻找其他名称申请使用。

2. 防止撤三年的风险

《商标法》第四十九条第二款规定:注册商标成为其核定使用的商品的通用名称或者没有正当理由连续三年不使用的,任何单位或者个人可以向商标局申请撤销该注册商标。商标局应当自收到申请之日起九个月内做出决定。有特殊情况需要延长的,经国务院工商行政管理部门批准,可以延长三个月。

《商标法》规定了注册商标连续三年未使用的可以被任何人撤销。该法条的立法初衷是为了鼓励大家使用商标,防止商标囤积而不使用的情况,这不仅造成资源的浪费,也阻碍了其他人的商标权利。企业要及时清理自己的注册商标,在使用过程中也应该收集使用证据。

《商标审理指南》对商标的使用做了相关规定:商标的使用,是指商标的商业使用。包括将商标用于商品、商品包装或者容器以及商品交易文书上,或者将商标用于广告宣传、展览以及其他商业活动中。

商标使用在指定商品上的具体表现形式有:

(1)采取直接贴附、刻印、烙印或者编织等方式将商标附着在商品、商品包装、容器、标签等上,或者使用在商品附加标牌、产品说明书、介绍手册、价目表等上;

(2)商标使用在与商品销售有联系的交易文书上,包括使用在商品销售合同、发票、票据、收据、商品进出口检验检疫证明、报关单据等上;

(3)商标使用在广播、电视等媒体上,或者在公开发行的出版物中发布,以及以广告牌、邮寄广告或者其他广告方式为商标或者使用商标的商品进行的广告宣传;

(4)商标在展览会、博览会上使用,包括在展览会、博览会上提供的使用该商标的印刷品以及其他资料；

（5）其他符合法律规定的商标使用形式。

商标使用在指定服务上的具体表现形式有：

（1）商标直接使用于服务场所，包括使用于服务的介绍手册、服务场所招牌、店堂装饰、工作人员服饰、招贴、菜单、价目表、奖券、办公文具、信笺以及其他与指定服务相关的用品上；

（2）商标使用于和服务有联系的文件资料上，如发票、汇款单据、提供服务协议、维修维护证明等；

（3）商标使用在广播、电视等媒体上，或者在公开发行的出版物中发布，以及以广告牌、邮寄广告或者其他广告方式为商标或者使用商标的服务进行的广告宣传；

（4）商标在展览会、博览会上使用，包括在展览会、博览会上提供的使用该商标的印刷品及其他资料；

（5）其他符合法律规定的商标使用形式。

因此，企业在使用过程中要及时保留好相关使用证据，万一商标被撤销需要提供使用证据时，不至于出现手忙脚乱的状态。

3. 防止成为通用名称

《商标法》第四十九条也规定了如果商标成为通用名称，则有被撤销的风险。企业这时候需要做的，是防止商标的淡化。如果他人申请近似的商标名称，要注意及时提出异议或者无效。如果市面上存在过多商标近似的名称，则会削弱商标的显著性，导致商标不再具备识别的作用，消费者也会对该商标失去兴趣，误以为是行业通用，从而使得该名称沦为行业通用名称。

4. 及时办理转让变更等手续

《商标法》第四十一条规定：注册商标需要变更注册人的名义、地址或者其他注册事项的，应当提出变更申请。

第四十二条规定：转让注册商标的，转让人和受让人应当签订转让协议，并共同向商标局提出申请。受让人应当保证使用该注册商标的商品质量。

第四十三条规定：商标注册人可以通过签订商标使用许可合同，许可他人使用其注册商标。许可人应当监督被许可人使用其注册商标的商品质量。

被许可人应当保证使用该注册商标的商品质量。经许可使用他人注册商标的，必须在使用该注册商标的商品上标明被许可人的名称和商品产地。

许可他人使用其注册商标的，许可人应当将其商标使用许可报商标局备案，由商标局公告。商标使用许可未经备案不得对抗善意第三人。

上述法条是让企业积极地对商标进行处理，及时办理相关手续。如果企业的名称或者地址发生变更，便需要及时办理商标的变更。企业在将商标转让给他人时也应及时做商标权利人的变动，或者将商标许可他人使用时，办理相关备案。

企业管理商标的过程是一个动态的过程,根据情况的变化来处分商标。商标作为企业的无形资产,在企业中发挥着极大的价值,不要忽视商标的重要性。因此建议企业可以建立专门的商标管理部门,及时监视商标的情况,应对可能会发生的情况。

4.5 其他知识产权的保护

4.5.1 国防专利

根据《中华人民共和国专利法实施细则》第七条第一款与第二款的规定:

(1) 专利申请的内容涉及国防利益的,由国防专利局进行保密确定。需要保密的,应当及时移交国防专利局进行审查,审查员向申请人发出专利申请移交国防专利局通知书;不需要保密的,审查员应当发出保密审批通知书,通知申请人该专利申请不予保密,按照一般专利申请处理。

(2) 发明或者实用新型内容涉及国防利益以外的国家安全或者重大利益的,由专利局进行保密确定,必要时可以邀请相关领域的技术专家协助确定。审查员根据保密确定的结果发出保密审批通知书,需要保密的,通知申请人该专利申请予以保密,按照保密专利申请处理;不需要保密的,通知申请人该专利申请不予保密,按照一般专利申请处理。

4.5.2 植物新品种

植物新品种是指经过人工培育的,或者对发现的野生植物加以开发,具备新颖性、特异性、一致性和稳定性并有适当命名的植物品种。完成育种的单位和个人对其授权的品种,享有排他的独占权,即拥有植物新品种权。

植物新品种权是工业产权的一种类型,是指完成育种的单位或个人对其授权的品种依法享有的排他使用权。

1. 植物新品种的保护范围

我国植物新品种保护工作是由国家林业局和农业部两个部门来进行的。根据两部门在植物新品种保护工作上的分工,国家林业局负责林木、竹、木质藤本、木本观赏植物(包括木本花卉)、果树(干果部分)及木本油料、饮料、调料、木本药材等植物新品种保护工作。目前,我国对植物品种权的保护还仅限于植物品种的繁殖材料。对植物育种人权利的保护,保护的对象不是植物品种本身,而是植物育种者应当享有的权利。

2. 植物新品种的申请

育种者应提交相应的申请文件。文件内容包括:植物新品种权请求书、说明书和照片。

文件准备齐全后,申请林业植物新品种权的申请人,可以直接向国家林业局提出申请,也可委托国家林业局指定的代理机构代理申请。对于申请品种权的育种者,可以直接向国家林业局植物新品种保护办公室递交申请文件,也可通过邮局邮寄申请文件。

申请文件递交后,申请人所申请的保护品种将在国家林业局下发的书面公告或网上进行公告,如果在公告期没有任何人对该品种提出质疑,该申请人将获得新品种保护权。

4.5.3 集成电路布图设计专有权

集成电路布图设计权是一项独立的知识产权,是权利持有人对其布图设计进行复制和商业利用的专有权利。布图设计权的主体是指依法能够取得布图设计专有权的人,通常称为专有权人或权利持有人。

布图设计专有权的取得方式通常有以下三种:(1)登记制;(2)有限的使用取得与登记制相结合的方式;(3)自然取得制。关于布图设计权的保护期,各国法律一般都规定为10年。根据《关于集成电路的知识产权条约》的要求,布图设计权的保护期至少为8年。《知识产权协议》所规定的保护期则为10年。我国《集成电路布图设计保护条例》第十二条规定,布图设计专有权的保护期为10年,自布图设计登记申请之日或者在世界任何地方首次投入商业利用之日起计算,以较前日期为准。但是,无论是否登记或者投入商业利用,布图设计自创作完成之日起15年后,不再受该条例保护。

4.5.4 国家级农作物品种

中华人民共和国农业部2016年颁布的《主要农作物品种审定办法》所称主要农作物,是指稻、小麦、玉米、棉花、大豆。

省级以上人民政府农业主管部门应当采取措施,加强品种审定工作监督管理。省级人民政府农业主管部门应当完善品种选育、审定工作的区域协作机制,促进优良品种的选育和推广。

农业部设立国家农作物品种审定委员会,负责国家级农作物品种审定工作。省级人民政府农业主管部门设立省级农作物品种审定委员会,负责省级农作物品种审定工作。

农作物品种审定委员会建立包括申请文件、品种审定试验数据、种子样品、审定意见和审定结论等内容的审定档案,保证可追溯。

4.5.5 国家新药

国家新药系指我国未生产过的药品。对已生产的药品,凡增加新的适应证、改变给药途径和改变剂型的也属新药范围。

根据国际、国内药品分类标准,国家食品药品监督管理总局按药品管理要求把新药分为以下五类。

国家一类新药:是指在世界上首创发明的一种全新原料药品物质成分及其制剂;或有文献报道的原料药品及其制剂,且疗效显著,"一类"新药是代表目前疗效最好的药物。

国家二类新药:国外已批准生产,但未列入一国药典的原料药品及其制剂。

国家三类新药：用几种已有成分联合加工而成的药物制剂，包括西药复方制剂、中西药复方制剂。

国家四类新药：用天然药物中已知有效单体合成或半合成方法制造的药物；改变剂型或改变给药途径的药品。

国家五类新药：增加适应证的药品。

4.5.6 国家一级中药保护品种

根据《中药品种保护条例》中符合下列条件之一的中药品种，可以申请一级保护。

（1）对特定疾病有特殊疗效的，是指对某一疾病在治疗效果上能取得重大突破性进展。例如：对常见病、多发病等疾病有特殊疗效；对既往无有效治疗方法的疾病能取得明显疗效；或者对改善重大疑难疾病、危急重症或罕见疾病的终点结局（病死率、致残率等）取得重大进展。

（2）相当于国家一级保护野生药材物种的人工制成品是指列为国家一级保护物种药材的人工制成品；或目前虽属于二级保护物种但其野生资源已处于濒危状态物种药材的人工制成品。

（3）用于预防和治疗特殊疾病的特殊疾病，是指严重危害人民群众身体健康和正常社会生活经济秩序的重大疑难疾病、危急重症、烈性传染病和罕见病。如恶性肿瘤、终末期肾病、脑卒中、急性心肌梗死、艾滋病、传染性非典型肺炎、人禽流感、苯酮尿症、地中海贫血等疾病。

符合以上条件即为国家中药一级保护品种。

根据《中药品种保护条例》第三章第十二条，中药保护品种的保护期限分为以下两类：

（1）中药一级保护品种分别为三十年、二十年、十年；（2）中药二级保护品种为七年。

第五章 企业的科技成果转化能力

5.1 科技成果的定义

党的十八届五中全会强调,必须把发展基点放在创新上,形成促进创新的体制架构,塑造更多依靠创新驱动,更多发挥先发优势的引领型发展。为实现"引领型发展",关键任务是解放和激发科技潜能,加快科技成果转化和提高科技成果转化能力。

科技成果是指通过科学研究与技术开发所产生的具有实用价值的成果(专利、版权、集成电路布图设计等)。

科技成果形式包括:

(1) 知识产权证书;

(2) 生产批文、新产品或新技术证明;

(3) 查新报告;

(4) 产品质量检验报告;

(5) 省级(含计划单列市)以上科技计划立项证明及完成证明(验收、鉴定、获奖等等);

(6) 高新技术成果转化、火炬计划等证书;

(7) 购入或出售技术成果的技术合同、技术诀窍等;

(8) 其他认可的材料等。

5.2 科技成果转化形式

科技成果转化是指为提高生产力水平而对科技成果进行的后续试验、开发、应用、推广直至形成新产品、新工艺、新材料,发展新产业等活动。

科技成果转化形式包括:

(1) 自行投资实施转化;

(2) 向他人转让该技术成果;

(3) 许可他人使用该科技成果;

(4) 以该科技成果作为合作条件,与他人共同实施转化;

(5) 以该科技成果作价投资、折算股份或者出资比例;

(6) 以及其他协商确定的方式。

5.3 科技成果转化结果

科技成果转化的结果包括:产品、材料、服务、工艺、样品、样机。

(1) 成果形成的产品/材料。可考虑提供的佐证材料,如:新产品证书、高新技术产品证书、新产品检验报告、新产品鉴定验收证书、新产品查新报告、新产品说明书、生产批文、新产品销售证明、用户使用报告、新产品照片、生产登记批准书等。

(2) 成果形成的服务。可考虑提供的佐证材料,如:销售合同、发票、收入证明等。

(3) 成果形成的工艺/样品/样机。可考虑提供的佐证材料,如:检测报告、工艺样品样机备案文件、工艺样品样机参数说明、验收鉴定意见、用户使用报告、现场实物照片等。

5.4 科技成果转化能力打分标准

同一科技成果分别在国内外转化的,或转化为多个产品、服务、工艺、样品、样机等的,只计为一项。

一个专利转化为一个产品,三年需要 15 个成果转化,即平均每年 5 个才可得高分。发票上的产品型号、类别须具体且达到 15 个。

注:成果转化的专利可以是授权状态、也可以在申请中,对Ⅰ类或者Ⅱ类没有要求。

标准如下:

A. 转化能力强, ≥5项(25—30分)

B. 转化能力较强,≥4项(19—24分)

C. 转化能力一般,≥3项(13—18分)

D. 转化能力较弱,≥2项(7—12分)

E. 转化能力弱, ≥1项(1—6分)

F. 转化能力无, 0项(0分)

【范例】

上海市促进科技成果转移转化行动方案(2017—2020)[①]

为深入贯彻落实《中华人民共和国促进科技成果转化法》《上海市促进科技成果转化

---

① 资料来源:中华人民共和国科学技术部官网。

条例》等相关法律法规,创新体制机制,促进科技成果资本化、产业化,支撑经济转型升级和产业结构调整,根据《中共上海市委、上海市人民政府关于加快建设具有全球影响力的科技创新中心的意见》(沪委发〔2015〕7号),制定本行动方案。

一、主要目标

牢牢把握科技创新和成果转移转化规律,紧紧围绕创新驱动发展战略和科技创新中心建设目标任务,以全球视野、国际标准,构建要素齐全、功能完善、开放协同、专业高效、氛围活跃的科技成果转移转化服务体系,取得一批可复制、可推广、在全国具有示范意义的成果转化模式和体制机制改革成果。到2020年,企业创新主体地位进一步巩固,市场化技术交易服务体系进一步健全,多元化科技成果转移转化投入渠道日益完善,科技成果转移转化制度环境更加优化,上海科技成果对外辐射带动作用更加显著,基本建设成为全球技术转移网络的重要枢纽。

——形成国内科技成果转移转化的示范高地。建成1个国家级科技成果转移转化示范区,形成若干个聚焦专业领域的科技成果转移转化功能集聚区,建立与国际接轨的技术转移机制,实现人才、知识、技术和资本等创新要素高度集聚、开放共享、跨区域、跨行业流动。

——打造国际国内科技服务机构和人才的汇聚中心。一批具有国内外影响力、专业化服务能力的技术转移服务机构蓬勃发展,新增10个以上示范性国家技术转移机构,培育一批市级技术转移服务示范机构;建设一批专业化、国际化,支撑实体经济发展的众创空间;涌现一批熟悉国际技术转移业务规则、专业化、复合型、高度活跃的科技成果转移转化服务人才队伍。

——建设国际国内有影响力的技术交易中心。科技成果转移转化市场体系逐步完善,专注科技成果转移转化的资本日益活跃,相关科技金融产品不断推出;技术市场活跃度显著提高,科技成果国际国内辐射力显著增强。

二、重点任务

围绕科技成果转移转化的关键问题和薄弱环节,加强系统部署,抓好措施落实,聚焦科技成果转移转化要素功能提升、科技成果转移转化生态环境营造,集聚高端人才、前沿知识、核心技术、创新企业和金融资本等创新资源,推动上海成为全球科技创新网络、技术交易网络的重要节点。

(一)增强科技成果转移转化主体内生动力

1. 加快形成促进科技成果转移转化的协同机制

在市委、市政府领导下,建立科技成果转移转化联席会议(以下简称"联席会议"),由市科技部门负责,做好科技成果转移转化的促进、协调和服务工作;市教育、组织、发展改革、经济信息化、商务、财政、人力资源社会保障、审计、国有资产监督、税务、工商、知识产权、金融、宣传等部门参与,加强协作配合,合力推进科技成果转移转化工作。联席会议研究、协调科技成果转移转化工作中的重大事项,审议本市科技成果转移转化工作的进展、发展规划和建议,督促规划、计划和任务落实,协商与解决有关的瓶颈问题与制度障碍等。

联席会议办公室设在市科委。(责任部门：市科委。配合部门：市教委、市委组织部、市发展改革委、市经济信息化委、市商务委、市财政局、市人力资源社会保障局、市审计局、市国资委、市地税局、市工商局、市知识产权局、市金融办、市政府法制办、市委宣传部。)

2. 高效激发研究开发机构、高等院校科技成果转移转化活力

本市研究开发机构、高等院校等事业单位(以下统称"研发机构、高等院校")要进一步增强科技成果转移转化的意识和使命感，完善制度设计。研发机构、高等院校应当建立健全专业化技术转移服务机构，或委托独立的专业服务机构，开展科技成果转移转化工作。研发机构、高等院校应当明确统筹科技成果转化与知识产权管理的职责，建立职务科技成果披露与管理制度；加强专业化队伍建设，建立与国际规则接轨、市场导向的选人用人育人机制，聘用一批具有法律基础、专利管理、企业创办、风险投资及国际商务方面丰富经验的复合型人才。研发机构、高等院校应当结合实际形成有效的科技成果管理体系，建立完善包括发起、初审、评估、论证、决策、公示和实施等的科技成果转移转化流程，明确决策、执行、咨询和内控等机构和权责机制，完善相应的岗位管理、考核评价、收入分配、激励约束等制度；鼓励研发机构、高等院校开展研发合作、转让许可、作价入股、创办公司等多种形式的科技成果转移转化。在保持市场化改革的前提下，积极引导转制科研院所承担公共服务职能；加强联动沟通，充分发挥中央在沪科研院所在促进科技成果转移转化中的作用；围绕功能型创新平台建设任务，培育一批符合市场规律、贯通创新链、衔接产业链的新型研发机构。(责任部门：市科委、市教委。配合部门：市财政局、市国资委、市人力资源社会保障局、市知识产权局、市工商局。)

3. 充分释放企业科技成果转移转化需求

鼓励企业开放式创新，主动承接和转化研发机构、高等院校具有实际应用价值的科技成果，重视原创技术或前沿性技术的储备，构建以企业为创新主体的开放创新网络。鼓励和支持本市国有企业科技创新，本市国有企业对科技成果转移转化的经费投入，按照本市有关规定，在经营业绩考核中视同利润；支持国有企业探索建立健全科技成果、知识产权的归属和利益分享机制，推进落实技术类无形资产等国资评估优化管理，设置技术性岗位和双通道的薪酬晋升序列，培养集聚一批创新领军人才。大力扶持科技型中小微企业，引导其在科技成果应用、技术创新、创造就业等方面发挥更大作用。开展与提升企业家创新领导力有关的培训。引导企业加强知识产权战略管理，对利用财政性资金设立的重大科技项目，在实施之前开展知识产权分析评议等工作。支持企业开展"研发众包"等模式探索。鼓励企业与企业、研发机构、高等院校共建重点实验室、工程技术(研究)中心、企业技术中心等研发机构，开展研究开发、中试熟化与产业化开发。鼓励组建多种形式的产业技术创新联盟、制造业创新中心，加强行业共性关键技术研发和推广应用、产业技术基础平台建设、知识产权协同运用和创新产品的应用示范。对成果转化后获得一定经济社会效益的企业，对其相关研发投入给予扶持；进一步落实研发费用加计扣除与高新技术企业认定政策，为科技成果转移转化提供税收优惠支持。(责任部门：市经济信息化委、市国资

委、市科委。配合部门：市发展改革委、市教委、市知识产权局、市财政局、市税务局、市张江高新区管委会、各相关区政府。）

（二）建立开放共享的科技成果信息库

1. 加快建立科技成果信息共享与发布系统

由市科技部门会同有关部门以财政性资金和社会资金所建设的各类科技成果转化平台为基础，建立资源汇聚、开放共享、分工协作的科技成果转化公共服务平台。科技成果转化公共服务平台应当建立健全科技成果信息和转化服务信息的收集、加工、储存、传播和服务的工作制度。依托国家科技成果信息库建设，建立汇聚市级财政资金支持产生的科技成果信息和转化服务信息的科技成果信息库，最大限度地对外开放，向社会服务，为科技成果的传递、扩散、交流提供丰富完备的信息资源支持；健全与国家科技成果信息系统的汇交机制；通过科技创新券等政策工具，鼓励非财政资金支持的科技成果信息和转化服务信息的资源汇入。（责任部门：市科委、市发展改革委、市经济信息化委。配合部门：市财政局、市教委、市知识产权局、市信息中心、市张江高新区管委会。）

2. 积极推动科技成果信息的开发利用

鼓励企业和社会各界对科技成果信息库开放的信息进行加工、利用，盘活科技成果数据资源。鼓励市场化、专业化服务机构开展科技成果信息的评估、筛选、鉴别和分类，挖掘有产业化前景的科技成果，对接能够为企业解决技术难题的科技人才，提供符合用户需求的精准服务。探索建立科技成果转移转化动态的长效跟踪机制。本市研究开发机构、高等院校按照有关法规要求，实施年度报告制度，并将其作为对相关单位实施绩效评价、予以财政资金支持的依据之一。（责任部门：市科委、市教委。配合部门：市发展改革委、市经济信息化委、市国资委、市知识产权局。）

（三）建设科技成果转移转化服务体系

1. 大力发展技术转移服务机构

加紧制定促进和规范技术转移服务机构发展的政策保障体系，实施"技术转移服务机构培育计划"，挖掘一批服务能力强的技术转移服务机构。积极引导具有丰富科技成果转移转化服务经验的人员或团队创办市场化、专业化服务机构；通过选择和扶持引导不同类型、不同发展模式的技术转移服务机构进行试点，提升其整体服务能力；培育一批技术转移服务示范机构，引导其做精做专、做大做强，形成一批具有国际国内影响力的优秀服务品牌，带动技术转移服务机构的健康发展。推广科技创新券，鼓励研发机构、高等院校、企业购买技术搜索、专利管理、价值评估、工程验证、检验检测、技术经纪等专业服务，进一步降低企业研发成本、撬动科技服务市场需求。发挥行业类公益性机构纽带作用，推动其制定科技成果转移转化服务规范，建立服务与信用评价机制，加强行业自律管理。建立技术转移服务机构协同平台，把国内外有同样抱负的力量组织起来，各抒所长、开放协同，提供可供机构及从业者交流、学习和互动的渠道；用市场经济的行为方式，吸引大量客户，掌握大量需求，创造更大价值。（责任部门：市科委、市财政局。配合部门：市教委、市知识产权局、市工商局。）

2. 稳步提升众创空间的成果转化服务能力

依托行业龙头企业、高等院校、科研院所,在电子信息、生物医药、高端装备制造等重点领域,建设一批以成果转移转化为主要功能,专业服务水平高、创新资源配置优、产业辐射带动作用强的专业化众创空间,为初创期科技企业和科技成果转化项目提供孵化场地、创业辅导、投融资对接、技术对接、研究开发与管理咨询。发展一批国际化众创空间,拓宽海外合作渠道,开展系列培训、论坛、项目路演等国际化交流活动,吸引国外研发机构、高等院校科技成果在沪转移转化、外国人创业者在沪创业。鼓励本市国有企业采取创投基金、共享研发资源、职工技术发明等多种形式,推动国资国企改革与"大众创业、万众创新"相结合。鼓励开展"极客""创客"等活动,为科技成果转移转化提供创新创意源泉。（责任部门：市科委、市国资委。配合部门：市发展改革委、市经济信息化委、各相关区政府。）

3. 精准培育专业化、国际化技术转移服务人才

建设国家技术转移人才培养基地,探索技术经纪人梯度化培养与市场化选人用人机制;支持技术转移服务机构与研发机构、高等院校或国际知名机构合作,联合培养技术转移服务人才。建立技术转移服务人才激励机制,按照国家和本市有关规定表彰和奖励一批在本市成功转化科技成果,有突出业绩的专业服务机构和个人。鼓励在职或离退休科研人员,按照本市有关规定,兼职咨询专家,为企业、技术转移服务机构在成果选择、专业知识等方面提供咨询。加强海外复合型服务人才的引进,在居留证件、人才签证和外国人工作许可证、人才公寓申请等办理程序方面,按照本市有关规定,给予便利;科技成果转化项目单位引进的科技和技能人才或专业从事科技成果转化的服务人才,符合本市有关规定的,可居住证积分、居转户或直接落户。支持各类众创空间建立创业导师工作室,聘请具有经验的企业家、投资人等作为创业导师,为创业者和初创企业开展形式多样的创业辅导。（责任部门：市人力资源社会保障局、市科委。配合部门：市委组织部、市教委、市公安局、市财政局。）

（四）优化科技成果转移转化生态体系

1. 着力建设研发与转化功能型平台

在电子信息、生物医药、高端装备制造等重点领域,针对本市重大战略任务实施,探索长效运行机制和市场化运作方式,突出公益性、开放型、枢纽型,建设若干个多学科交叉、多功能集成的研发与转化功能型平台,促进相关产业发展。引导和推进各级各类重点实验室、工程技术（研究）中心等研发基地的开放与融合发展,提升研发与转化服务能级。加快形成以科技资源数据中心和国家技术转移东部中心为核心的科技创新创业服务功能型平台系统。持续推进上海产业技术研究院建设。（责任部门：市科委、市经济信息化委。配合部门：市发展改革委、市财政局。）

2. 着力构建专业技术交易服务平台

鼓励多元化投资、市场化运作的各类专业化技术交易服务机构有序发展,规范开展转

让、许可、作价入股等多种科技成果转移转化形式的挂牌公示、经纪服务。加快推进上海技术交易所、上海知识产权交易中心建设，创新运营与服务模式，引导市场主体积极参与科技成果与知识产权交易。建设符合科技成果转移转化特性、线上线下结合的技术交易服务平台；引导专业化服务机构加盟技术交易平台，提供专利质量管理、交易价值评估、商业和法律谈判等线下服务。推动上海技术交易网络平台成为国家技术交易网络平台的重要节点和分支。（责任部门：市科委、市知识产权局。配合部门：市教委、市国资委、市金融办。）

3. 加快构筑成果转移转化金融服务网络

发挥国家科技成果转化引导基金、市级创业投资引导基金杠杆作用，推动国家科技重大专项成果转化库中具产业化前景项目的落地，鼓励社会资本、投资机构加大对科技成果转移转化项目早期的投入。争取新设服务科技创新企业的民营银行，探索与科技创新和科技成果转移转化相适应的产品和服务创新。采取投贷联动、科技信贷专营化、政策性担保基金等措施，引导银行业金融机构为科技成果转化拓展融资渠道。发挥上海技术交易所等平台功能，鼓励开发性金融机构探索成果转化投融资新模式，用好有关政策性工具，支持重点领域加快发展。推动科技创新母基金尽快设立运营，发挥上海股权托管交易中心科技创新板作用，推动科技成果通过资本市场转移转化。鼓励在沪保险机构探索符合科技创新企业需求的保险产品，为科技创新企业提供保险保障。支持实施科技成果转化的企业利用多层次资本市场直接融资，支持企业利用公司债等债务融资工具，开展科技成果转化项目融资。（责任部门：市发展改革委、市金融办、市财政局。配合部门：上海证监局、上海银监局、上海保监局、市科委、市经济信息化委、市张江高新区管委会、国家开发银行上海市分行。）

4. 示范打造科技成果转移转化功能集聚区

健全市、区两级科技成果转移转化工作网络，加强协同配合，建立适应区域发展要求的相关考核评价机制。提升区域内和跨区域成果、人才、资本、服务等创新资源整合能力，培育要素聚集、定位明确、功能完备，平台、企业和机构集中的示范基地。围绕区域特色产业发展技术瓶颈，推动一批符合产业转型发展需求的重大科技成果转化与推广应用。进一步发挥大学科技园在科技成果转移转化中的重要承载作用，着力打造成为产学研合作的示范基地、高校师生创业的实践基地、战略性新兴产业的培育基地。（责任部门：各相关区政府、市科委。配合部门：市发展改革委、市经济信息化委、市教委。）

5. 积极构建全球权威展示交流网络

扩大浦江创新论坛、中国（上海）国际技术进出口交易会、中国国际工业博览会等在科技创新成果展示、发布、交易等方面的国际影响力；积极参与汉诺威工业博览会、中国国际高新技术成果交易会等国际国内权威性专业展会，为本市科技创新成果全球化流动提供渠道。扩大上海创新创业大赛、上海国际创客大赛等路演活动影响力，推广科技成果转化项目，吸引风投、企业关注。打造全球创客最佳实践城市，搭建全球顶级创客产品路演与展示平台,吸引全球创客产品在沪展览或首发。(责任部门:市科委、市商务委。配合部门:市经济信息化委、各相关区政府。)

6. 积极形成国际国内成果转移转化协作网络

推动国家技术转移东部中心、上海技术交易所、上海市国际技术进出口促进中心、上海知识产权交易中心等机构与国际知名机构建立深度合作交流渠道,扩大上海在技术交易领域的国际影响力。吸引国际高水平技术转移服务机构在上海设立分支机构。支持本市技术转移服务机构在海外设立分支机构,为本市科技创新和新兴产业"走出去"和"引进来"提供海外基地,提高上海在全球技术交易市场的地位和能级。发挥全国技术转移区域联盟作用,实现国家技术转移区域中心间的合作、交流和资源共享。(责任部门:市科委、市商务委。配合部门:市国资委、市经济信息化委、市教委、市知识产权局、市工商局。)

7. 积极搭建成果转移转化传播网络

通过新闻报道、专题报道、深度报道等形式,充分发挥传统媒体与新媒体的不同功能,着力宣传科技成果转移转化优秀案例、技术转移服务示范机构和高层次服务人才,增强对技术转移服务机构和人才的社会认知、认同感。积极支持交流各部门各区的好经验、好做法,对可复制、可推广的经验和模式及时总结推广。发布年度上海科技成果转移转化白皮书。宣传发扬"创新精神""企业家精神"和"工匠精神"。引导全社会关心和支持科技成果转移转化,努力营造崇尚创新创业、尊重科学规律、尊重人才、宽容失败的良好社会氛围。(责任部门:市委宣传部、市科委。配合部门:市发展改革委、市教委、市经济信息化委、市商务委。)

【范例】

《上海市促进科技成果转移转化行动方案(2017—2020)》政策解读[①]

为贯彻落实《中华人民共和国促进科技成果转化法》《上海市促进科技成果转化条例》(以下简称《条例》)等法律法规和政策规定,加快推动上海建设具有全球影响力的科技创新中心,市科委会同市教委、市发展改革委、市经济信息化委、市国资委、市财政局等委办局研究制定了《上海市促进科技成果转移转化行动方案》(以下简称《行动方案》),现就《行动方案》有关内容解读如下。

一、《行动方案》出台的背景

为推动科技成果转移转化,国家推出了《促进科技成果转化法》《实施〈促进科技成果转化法〉若干规定》《促进科技成果转移转化行动方案》。"行动方案"要求"各地方要将科技成果转移转化工作纳入重要议事日程,强化科技成果转移转化工作职能,结合实际制定具体实施方案,明确工作推进路线图和时间表,逐级细化分解任务,切实加大资金投入、政策支持和条件保障力度"。

上海建设具有全球影响力的科技创新中心,已进入全面深化、全面落实的关键阶段,

---

① 资料来源:上海科技官网。

市委、市政府把推进科技成果转移转化摆在了科创中心建设的关键位置。自2015年底以来,市领导多次召开专题会议研究成果转化机制障碍、解决路径,市科委会同相关委办局开展高校院所、企业和服务机构调研,并连续两年试点开展科技中介服务体系建设,在调研实践中梳理出科技成果转移转化的"短板",包括企业创新能力比较薄弱、高校院所科技评价体系有待完善、服务机构专业化能力不足、服务人才缺乏、金融资本活跃度不够等。

二、制定《行动方案》的原则

牢牢把握科技创新和成果转移转化规律,紧紧围绕创新驱动发展战略和科技创新中心建设目标任务,以全球视野、国际标准,加强系统部署、明确任务分工和进度,抓好措施落实,全力构建要素齐全、功能完善、开放协同、专业高效、氛围活跃的科技成果转移转化服务体系。

三、《行动方案》与刚刚发布的《条例》之间的关系

成果转化难是一个全世界普遍存在的共性问题,国外技术转移的经验主要体现为:法律先行、主体跟进、系统支撑。本市科技成果转移转化工作坚持需求导向、问题导向,系统设计、协同推进,转变理念、激发动力,从两个层次系统推进:第一层次是制度层,从宏观层面,配合国家,结合上海实际,建立健全法规制度保障,国家科技成果转化法和《条例》已从制度层面基本解决"三权下放"等成果转化动力问题。第二层次是落实层,结合实际问题,推进法规及制度落地、实施,营造有利于科技成果转移转化的生态,因此《行动方案》重点解决科技成果转化能力问题。

四、《行动方案》的主要内容

《行动方案》聚焦科技成果转移转化要素功能提升(科技成果转化主体、技术转移服务体系、科技成果信息库),生态环境营造(各类平台和网络体系建设)2条主线、4项重点任务、15项子任务展开,涉及23个委办局、部门以及各区政府。加大政策引导力度,重点解决以下问题:

1. 重点解决高校院所、企业作为成果转化主体的创新能力问题

各项任务涉及的牵头委办局建立联席会议制度,督促规划、计划和任务落实,协商与解决有关的瓶颈问题与制度障碍。着力强调高校院所作为科技成果供端,建立完善相应的制度体系,增强科技成果转化意识和使命感,重点放在建立健全专业化技术转移服务机构,建立与国际规则接轨、市场导向的选人用人育人机制,形成有效的成果管理制度等。着力强调企业作为科技成果转化需方,形成开放式创新模式,尤其是鼓励本市国有企业、科技型中小企业科技创新。

2. 重点解决成果信息作为成果转化"种子"的共享利用

成果转化是一个全要素协同、各类信息流动的过程,政府部门储备了大量与科技成果有关的信息,拟建立资源汇聚、开放共享、分工协作的科技成果转化公共服务平台,其中包括建立汇聚市级财政资金支持产生的科技成果信息以及转化服务信息的科技成果信息库,成果信息最大限度向全社会开放。市场化、专业化服务机构可以开展科技成果信息筛

选、鉴别,挖掘有产业化前景的科技成果;主管部门还可以通过汇聚数据建立科技成果转移转化动态的长效跟踪机制。

3. 重点解决服务机构作为成果转化"桥梁"的能力问题

《行动方案》进一步强调了服务机构的重要作用,并推出系列政策加以保障。鼓励市场化、专业化服务机构发展,形成引导创业、培育试点、重点示范的梯度化政策支持路径;推广科技创新券政策工具,引导企业创新需求、培育科技服务市场,保障科技成果所有者和需求者在进行科技成果转化时得到专业而有效的服务;建立科技成果转移转化服务人才培养体系、激励机制,探索技术经纪人梯度化培养与市场化选人用人机制。众创空间作为科技成果转移转化的"出口"之一,将在专业化、国际化方面有所发展。

4. 基于成果转化全链条、全要素,营造转化生态环境

在上述要素能力提升基础上,《行动方案》提出进一步完善各类平台和网络体系建设,聚焦功能型平台建设、功能区打造、协同网络和金融支撑等,以期对整个生态起到"催化""加速"效应。具体包括:建设研发与转化功能型平台、打造专业技术交易服务平台、构筑成果转移转化金融服务网络、打造科技成果转移转化功能集聚区、构建全球权威展示交流网络、形成国际国内成果转移转化协作网络、搭建成果转移转化传播网络7项任务。

第六章 企业研究开发组织管理水平

6.1 高新技术企业认定条件

高新技术企业认定时,企业的研究开发组织管理水平为20分。有技术专家根据企业研究开发与技术创新组织管理的总体情况,结合以下几项评价,进行综合打分。

(1) 制定了企业研究开发的组织管理制度,建立了研发投入核算体系,编制了研发费用辅助账;(≤6分)

(2) 设立了内部科学技术研究开发机构并具备相应的科研条件,与国内外研究开发机构开展多种形式产学研合作;(≤6分)

(3) 建立了科技成果转化的组织实施与激励奖励制度,建立开放式的创新创业平台;(≤4分)

(4) 建立了科技人员的培养进修、职工技能培训、优秀人才引进,以及人才绩效评价奖励制度。(≤4分)

以上四方面都要写到,并附有相关制度及协议等佐证材料[①]。

6.2 研发组织管理制度及研发投入核算体系建设

6.2.1 研发组织管理制度

研发组织管理制度,就是公司根据自己的实际情况,制定的有关研发项目立项、审批、验收管理制度或办法等一系列规范性文件,并在日常过程中加以贯彻落实与执行。通常情况下,企业的研发项目组织管理制度可参考下面范例进行制定。

---

① 资料来源:《高新技术企业认定管理工作指引》。

【范例】

技术研发项目管理制度①

第一条 目的

为了贯彻落实《国家高新技术产业发展项目管理暂行办法》，有效进行"技术创新"工作，实施公司"科技兴企"的重要决策，根据公司具体情况，特制定本办法。

第二条 范围

本办法适用于以增强自主创新能力和促进企业高新技术产业生产的研发项目。

第三条 职责

公司的技术研发部负责公司产品的研发工作，新产品的研究，技术管理，以及公司的技术发展的总体把握。管理公司产品整体技术的发展轨迹，以及产品的研发进度，同时对研发的成本进行控制。

1. 管理权限

受总经理委托，行使对公司技术引进、新产品开发研究、新技术推广应用、技术指导与监督等全过程的管理权限，并承担执行公司规章制度、管理规程及工作指令的义务。

2. 管理职能

负责对公司产品实行技术指导、规范工艺流程、制定技术标准、抓好技术管理、实施技术监督和协调的专职管理部门，对所承担的工作负责。

第四条 立项程序

一、原则

产品研发是企业在激烈的技术竞争中赖以生存和发展的命脉，是实现"生产一代、试制一代、研究一代和构思一代"的产品升级换代宗旨的重要阶段，它对企业产品发展方向、产品优势、开拓新市场、提高经济效益等方面能否顺利实施起着决定性的作用。为了加强对公司新产品开发和产品改进工作的管理，加快公司技术积累、打好技术基础、加快产品研发速度、完善指导产品研发工作，既要讲求经济效益，又要讲求社会效益和资源环保效益。

二、程序

（1）研发部根据公司长期发展规划，调查国内外市场和重要用户的技术现状和改进要求，为满足市场需求研发的不同于公司现已生产的产品和在公司已批量生产的某种产品基础上，在每一季度初发布提出研究方向和重点任务。

（2）各相关部门根据《产品研究重点》结合本公司生产经营需要，再通过市场评估、设备评估、生产力评估、产品检验能力评估、产品的技术发展方向和动向、市场动态及发展产品具备的技术优势，向研发部提出科技研究开发项目申请表和项目开发可行性分

---

① 参见 http://doc.mbalib.com/view/44d6d901cb238f6483ef29719940d7e5.html。

析报告。

（3）研发部根据公司当年生产情况组织专家对申报项目进行评议和筛选，根据其重要性和创新性分为 A、B、C 三类。

A 类：在公司原始创新、集成创新和引进消化吸收再创新的项目，其实施技术难度大，开发创新（新材料、新工艺、新设备、新技术）内容较多的项目，总体技术水平达到部分国际领先水平以上。

B 类：在引进消化吸收的基础上进行自主创新，总体技术水平达到国内先进水平。

C 类：为公司改进创新项目，创新技术在公司内部具有良好的推广价值，在技术上有一定创新和技术难度，总体技术水平达到公司领先水平。

（4）项目产品经专家评议和筛选后，研发部编制公司年度科技研究开发计划书并呈报主管领导审批后开发。

（5）根据调查分析市场和主要竞争对手产品的质量、价格、市场、使用情况和用户改进要求，销售部门和产品研发部门在每个季度末的 20 号之前（四季度除外）和在每年的 12 月 10 日之前，产品生产单位的技术副总经理（总工程师）提交下个季度和下个年度的产品研发项目建议表。

（6）公司员工对提高产品质量和性能、降低产品制造成本方面提出的建议，可上报公司企业质量部门，经评审通过后，转到产品研发部门按本制度规定的程序进行开发。

（7）为充分发挥聘请专家的作用，公司将聘请专家参与计划编制、立项评议、项目管理等有关咨询工作。所聘专家必须具备下列基本条件：① 从事相关领域或专业工作满 5 年；② 具有良好的职业道德，能做到独立、客观、公正廉明、实事求是；③ 熟悉相关领域和专业的最新发展动态。

（8）项目承担单位必须具备必要的科研实施条件，有健全的科研管理制度、财务管理制度和会计核算制度。

（9）项目承担单位必须明确指定项目组长，中途不得随意变更。研发部还应组成一个结构精干的项目小组负责项目的开发。

第五条　项目管理

一、计划管理

（1）年度计划的编报和审批。编报年度计划的依据是经批准的项目计划书或实施方案。总项目的年度计划，由研发部于上年度的 12 月份编制，报告董事会审查后下达。需跨年度的项目，与申报新立项目一起报送。

（2）年度计划的实施和检查。研发部和各相关部门，按批准的年度计划组织实施，并经常进行监督、管理，帮助解决存在的问题。每半年由技术副总经理（总工程师）负责组织有关部门对提交上来的年度产品研发项目建议表进行评审，对评审通过的项目上报总经理批准。

（3）年度计划的调整，应报原批准部门审批。

二、经费管理

（1）按项目按进度拨款：公司要按项目进度计划及时将研发款项拨付到位，确保研制工作的资金流保持通畅。

（2）对每个产品项目实行产品研发经费承包制，经费项目包括：调研费、差旅费、对外技术合作费、外委试验费、产品鉴定费、专利申请费、加班费和公司规定的完成项目奖励等。产品试验经费由技术副总经理（总工程师）审查，报总经理批准。

（3）产品研发经费按单项预算拨给，单列账户，实行专款专用，由研发部门掌握，财务部门监督，不准挪作他用。

（4）为鼓励和激发产品研发人员的研发热情，项目完成后，公司规定的项目奖励必须全额发放到项目小组，每个成员的得奖比例由产品研发部门负责人和项目负责人确定，发放方式按集团公司规定执行。

（5）产品研发成果按销售量提成的奖励和其他奖励按产品研发部门同公司签订的承包协议执行。

三、物资管理

对于每一项目所需要的物资，要列入企业物资供应计划，并保证科技研发项目所需物资的充足。用于项目研发的物资，任何部门和个人不得截留或挪用。

四、成立小组

每一个立项的项目都要成立项目小组，并设定一名组长，由主要领导担任，相关部门人员参加。

第六条 专利申请

（1）在注重知识产权的时代，专利申请的成功便意味着对未来市场的拓展和合法垄断，可以延缓同行的进入时机，并能以仿制嫌疑诉讼同行一些企业。公司必须重视专利申请工作，专利申请工作由专利工作组负责。

（2）为避免和应对同行有可能以仿制嫌疑诉讼我公司，项目小组的所有相关保密资料必须存档保存（文本、光盘、软盘等）。此项工作由产品研发部门负责人负责。

（3）产品研发部门，对每项技术研发必须要提出申报专利申请，并提供相关资料和文件。

（4）由总经理办公室、专利工作组负责专利申请的报批工作。

第七条 项目的实施

（1）新产品开发和产品改进都必须要有技术副总经理（总工程师）审核批准的产品研发项目任务书。由检测部门进行检测，产品检测并经过会签（有关部门）、审核（技术部门负责人）、批准（技术副总经理或总工程师）后才能进行样试。

（2）产品应采用国家标准，在充分满足使用需要的基础上，做到标准化、系列化和通用化。

（3）每一项新产品和改进产品都必须经过样品试制和小批试制后方可成批生产，样试和小批试制的产品必须经过严格的检测,具有完整的试制和检测报告。样试,批试均由技术副总经理(总工程师)主持召集有关单位进行鉴定。个别产品变化很小的新品,经检测部门审核、技术副总经理(总工程师)签字,可以不进行批试,在样品试制后直接办理成批投产的手续。

(4)新产品移交生产线由公司技术副总经理(总工程师)主持各有关部门参加的鉴定会,多方听取意见,对新产品从技术、经济上作出评价,确认项目产品没有问题后,提出是否可以正式移交生产及移交时间的意见,报总经理批准。

(5)批准移交生产线的新产品,必须有产品技术标准、工艺规程、产品流程图以及其他有关的技术资料。

第八条 项目检查

(1)科研项目立项后,立项小组确认项目承担人和参加人,对项目的执行情况和经费使用情况进行跟踪检查。

(2)项目跟踪检查内容:

① 项目进展情况,项目是否按项目计划中预订的计划进行;

② 项目负责人和项目组成员是否按规定领导和参加研究工作,是否变更项目负责人或项目参加人;

③ 已有的工作成果和阶段性研究成果是否按制度执行;

④ 经费使用是否符合项目经费管理办法和其他规定;

⑤ 有无不符合项目管理办法的行为和情况。

(3)项目主要负责人应保存项目资料特别是原始资料,记载从项目申请、立项、研究到结项全过程的重要情况,收藏有关文字、配方和经费开支等材料。项目负责人每年年终应填写有关的项目检查表,提交项目研究进度和经费使用情况的书面报告,定期向总经理办公室汇报。

(4)在项目执行情况的同时,项目小组要经常检查落实科技计划实施情况,加强项目管理,建立项目档案。在切实做好日常管理工作的同时,尽可能为研究工作提供必要的咨询和条件。对于项目负责人提交的项目检查表进行审核,并签署审核意见。

第九条 项目变更与解除

项目在执行过程中,遇到下列情况之一,项目小组可以提出变更或解除项目申请:

(1)项目小组所需资金长期不落实的。

(2)经认证,项目所选技术路线、方案已无实用价值,或依托的研发项目发生较大变化致项目无法进行的;参加研究开发的合作单位或项目小组人员发生较大变化,致项目无法进展的。

第十条 科技成果鉴定、评审和结题

(1)项目研究应在完成后对其成果进行鉴定和验收。根据项目申请书内项目完成时间的协议,项目负责人在规定时间内把项目最终成果上报总经理办公室。项目的最终成果应是项目申请书所要达到的成果形式。

（2）科技开发项目按计划、合同完成后,由项目小组向研发部提出申请鉴定或评审验收申请。符合鉴定或审评条件的,由研发部组织相关专家进行鉴定或审评。

（3）合同完成后,承担单位及时联系有关结题验收事宜,填写结题申请,与研究技术文件一并上报,并由研发部组织人员对项目进行验收,验收合格后同意项目结题。

第十一条　附则

（1）本制度由公司技术中心负责解释。

（2）本制度自批准发布之日起执行。

××××有限公司

××××年××月××日

6.2.2　研发投入核算体系建设

一、正确界定研发活动

正确归集研发费用的前提是对研发活动进行界定。《工作指引》中指出,研发活动是"为获得科学与技术(不包括人文、社会科学)新知识,创造性运用科学技术新知识,或实质性改进技术、产品(服务)而持续进行的具有明确目标的活动。"对研发活动是否具备"创造性运用"或"实质性改进"的具体判断标准有:(1) 行业标准判断法;(2) 专家判断法;(3) 目标或结果判定法(辅助标准)。

在采用行业标准判断法和专家判断法不易判断企业是否发生了研发活动时,可以以目标或结果判定法作为辅助。这一方法要求检查研发活动(项目)的立项及预算报告,重点了解进行研发活动的目的(创新性)、计划投入资源(预算);研发活动是否形成了最终成果或中间性成果,如专利等知识产权或其他形式的科技成果。因此,目标或结果判定法得以应用的基础是企业必须具备科学合理的研发项目管理能力。

对于高技术服务业的企业研究开发活动包括:企业为支持其在高新技术服务业领域内开发新产品(服务)、采用新工艺等,而在自然科学和工程技术方面取得新知识或实质性改进的活动;或从事国家级科技计划列入的服务业关键技术项目的开发活动。

二、正确确定研究开发项目

企业的研究开发费用是以各个研发项目为基本单位分别归集和分配的,《工作指引》中指出:研究开发项目是指"不重复的,具有独立时间、财务安排和人员配置的研究开发活动"。研发项目并不单指在政府部门立项的项目,而是企业内部为研究核心技术而进行的技术开发项目,企业内部自行立项的项目。

三、明确研发费用的范围

《工作指引》中对研发费用的范围做了较为详尽的规定,包括:(1) 人员人工;(2) 直接投入；（3）折旧费用与长期待摊费用；（4）设计费用；（5）装备调试费；（6）无形资产摊销；（7）委托外部研究开发费用；（8）其他费用等，同时规定，在认定过程中，按照委托外部研究开发费用发生额的80%计入研发费用总额，其他费用一般不得超过研究开发总费用的10%。

四、合理分配间接费用

《工作指引》指出：企业应对包括直接研究开发活动和可以计入的间接研究开发活动所发生的费用进行归集，实质上我们应该讨论的是对研究开发活动中多个项目产生的共同性费用、研发活动和生产活动中发生的共同性费用如何分配的问题。

《工作指引》中没有规定间接费用的分配方法，企业应该根据研究开发活动的特点，以及它们使用企业设施与管理资源的程度，选择适当的方法将间接费用按一定的标准分配到研发项目中，使得各项目分配间接费用的份额与其受益大小成正比。

间接费用分配方法包括传统分配法和作业成本法，传统分配方法主要有直接分配法、顺序分配法或阶梯分配法、双重分配法或交互分配法以及联立方程法或数学分配法。作业成本法指以作业为间接成本的归集对象，通过资源动因的确认、计量，归集资源费用到作业上，再通过作业动因的确认计量，归集作业成本到最终成本对象上去的间接成本分配方法。由于作业成本法有助于研发费用的管理与控制，我们希望有条件的企业可采用作业成本法对研发费用进行核算（见表6-1）[①]。

表6-1 企业研究开发经费支出核算管理模式科目设置及核算范围表[②]

一级科目	二级科目	三级科目	核算范围
管理费用	研究开发费用		核算企业从事研究开发活动所发生的研究开发经费支出
		研发机构人工费	研发部门（技术中心）人员工资，可考虑扩展核算到研发部门（技术中心）人员的劳务费
		研究开发人员培训费	研发部门（技术中心）员工的培训费用
		研发人员差旅费	研发部门（技术中心）员工的差旅费用和用于科研技术交流为目的的相关人员的差旅费用
		研发与中间试验设备的折旧	研发部门（技术中心）的研究开发和中间试验设备的折旧，对于与生产共用的设备，可按受益台班（或者工时）计算折旧后，将用于研究开发和中间试验方面的折旧额计入

---

① 参见 http://bbs.tianya.cn/post-361-91020-1.shtml。
② 参见 http://blog.sina.com.cn/s/blog_60b5a7ab01013jom.html。

续 表

一级科目	二级科目	三级科目	核算范围
管理费用	研究开发费用	原材料和半成品的试验费	核算新产品试制试验时原材料费和半成品的试验费用（损失）
		新产品设计费	核算研究开发新产品时所发生的直接设计费用
		技术工艺规程制定费	核算研究开发新产品、新技术、新工艺所发生的工艺规程制定费（含委外）
		技术图书资料费	核算技术图书资料购置费、技术资料制作复印费、技术资料查询咨询费等
		设备调整费	核算研究开发新产品、新技术、新工艺时的设备调试调整维护的相关费用支出
		未纳入国家计划的中间试验费	企业主持的、未纳入国家计划内的中间技术、工艺等的试验费或者规模化生产前的中间试验试制生产的费用（损失）
		科研试制委外费用	委托其他单位进行的对新产品、新技术、新工艺等方面的科研试制所发生的实际转拨外单位的委托相关费用
		研发测试关键仪器设备摊销费	按国家财税优惠政策的规定，企业为研究开发新技术、新产品所购置的单位价值在10万以下的研发测试关键仪器设备费用的摊销额（一次或者分次摊销）
		科研用无形资产的摊销	核算研发部门（技术中心）用于科研开发的专利、外购专有技术等无形资产的摊销额
		其他研究开发费用	核算与研究开发有关的其他费用

五、研发投入核算体系管理办法

按研发项目进行研发投入核算。研发投入核算工作由总经理全面负责，各部门、岗位、人员全面参与。研发部负责辅助账簿的登记，财务部门负责序时账簿、分类账簿的登记，公司根据需要聘请中介机构进行专项审计。通常情况下，企业的研发项目组织管理制度可参考下面范例进行制定。

【范例】

研发投入核算体系管理制度①

第一章 总 则

第一条 为进一步规范和加强对研发经费的核算和管理，提高资金使用效益，加速公

---

① 参见 https://wenku.baidu.com/view/fb222328fe00bed5b9f3f90f76c66137ef064f7a.html。

司的新产品开发和新技术的推广应用,促进公司经济效益的提高,根据国家有关规定及《高新技术企业认定管理工作指引》(后称《工作指引》),结合公司的实际情况,制定本制度。

第二条　公司明确研发经费的开支范围和标准,严格审批程序,并按照研发项目和承担研发任务的部门,设立台账归集、核算研发费用,加强研发投入的专项审核,严禁以任何方式变相谋取私利。

第三条　项目承担部门应当严格按照本制度的规定,制定内部管理制度,加强对经费的监督和管理。

第四条　科学安排,合理配置。严格按照项目的目标和任务,科学合理地编制和安排预算,杜绝随意性。项目核算重点在于项目组可控的人、财、物投入,使企业财务部能获得项目财务管理所需的项目核算数据。

第五条　单独核算,专款专用。项目经费纳入企业财务部统一管理,单独核算,确保专款专用,并建立专项经费管理和使用的追踪问效机制。

第六条　为正确评价科技投入水平、促进企业加大科技投入力度创造条件,将研发投入评价结果同考核承担部门绩效内容挂钩,增强自主创新的内在动力,真正建立起追求技术进步的体制和机制,从长远出发,克服短期行为,有效地增加研发投入。

第七条　企业的研发项目分为国家、省、市计划项目、横向委托与合作项目、企业科研开发项目和其他项目与课题等四大类。

第二章　研究开发活动和项目的界定

第八条　研究开发活动的界定　正确归集研发费用的前提是对研发活动进行界定。《工作指引》中指出,研究开发活动是"为获得科学与技术(不包括社会科学、艺术或人文学)新知识,创造性运用科学技术新知识,或实质性改进技术、产品(服务)、工艺而持续进行的具有明确目标的活动。不包括企业对产品(服务)的常规性升级或对某项科研成果直接应用等活动(如直接采用新的材料、装置、产品、服务、工艺或知识等)"。《工作指引》对企业进行的研究开发活动是否具备"创造性运用"或"实质性改进"提出明确的判断标准,即:(1)行业标准判断法;(2)专家判断法;(3)目标或结果判定法(辅助标准)。公司应认真研究学习《工作指引》相关规定,科学、合理地界定研究开发活动。

第九条　研究开发项目的界定　根据《工作指引》要求,明确界定研究开发项目,要具备不重复、具有独立时间、财务安排和人员配置等条件,不仅包括在政府部门立项的项目,同时包括企业内部为研究核心技术而进行的技术开发项目,企业内部自行立项的项目。

第三章　研究开发经费来源

第十条　研究开发经费的来源

(1) 国家对重点研究开发项目的专项拨款;

(2) 公司成本列支的研究开发项目费用;

(3) 其他方面筹措来用于研究开发项目的费用。

第四章 研究开发经费的使用范围

第十一条 研究开发经费的使用范围 研究开发费用指公司在产品、技术、材料、工艺、标准的研究、开发过程中发生的各项费用,根据《工作指引》要求,主要包括:

1. 人员人工费用

人员人工费用包括企业科技人员的工资薪金、基本养老保险费、基本医疗保险费、失业保险费、工伤保险费、生育保险费和住房公积金,以及外聘科技人员的劳务费用。

2. 直接投入费用

直接投入费用是指企业为实施研究开发活动而实际发生的相关支出。包括:(1)直接消耗的材料、燃料和动力费用;(2)用于中间试验和产品试制的模具、工艺装备开发及制造费,不构成固定资产的样品、样机及一般测试手段购置费,试制产品的检验费;(3)用于研究开发活动的仪器、设备的运行维护、调整、检验、检测、维修等费用,以及通过经营租赁方式租入的用于研发活动的固定资产租赁费。

3. 折旧费用与长期待摊费用

折旧费用是指用于研究开发活动的仪器、设备和在用建筑物的折旧费。长期待摊费用是指研发设施的改建、改装、装修和修理过程中发生的长期待摊费用。

4. 无形资产摊销费用

无形资产摊销费用是指用于研究开发活动的软件、知识产权、非专利技术(专有技术、许可证、设计和计算方法等)的摊销费用。

5. 设计费用

设计费用是指为新产品和新工艺进行构思、开发和制造,进行工序、技术规范、规程制定,操作特性方面的设计等发生的费用。包括为获得创新性、创意性、突破性产品进行的创意设计活动发生的相关费用。

6. 装备调试费用与试验费用

装备调试费用是指工装准备过程中研究开发活动所发生的费用,包括研制特殊、专用的生产机器,改变生产和质量控制程序,或制定新方法及标准等活动所发生的费用。

为大规模批量化和商业化生产所进行的常规性工装准备和工业工程发生的费用不能计入归集范围。

试验费用包括新药研制的临床试验费、勘探开发技术的现场试验费、田间试验费等。

7. 委托外部研究开发费用

委托外部研究开发费用是指企业委托境内外其他机构或个人进行研究开发活动所发生的费用(研究开发活动成果为委托方企业拥有,且与该企业的主要经营业务紧密相关)。委托外部研究开发费用的实际发生额应按照独立交易原则确定,按照实际发生额的80%计入委托方研发费用总额。

8. 其他费用

其他费用是指上述费用之外与研究开发活动直接相关的其他费用,包括技术图书资料费、资料翻译费、专家咨询费、高新科技研发保险费,研发成果的检索、论证、评审、鉴定、验收费用,知识产权的申请费、注册费、代理费,会议费,差旅费,通信费等。此项费用一般不得超过研究开发总费用的20%,另有规定的除外。

第十二条　企业在中国境内发生的研究开发费用,是指企业内部研究开发活动实际支出的全部费用与委托境内其他机构或个人进行的研究开发活动所支出的费用之和,不包括委托境外机构或个人完成的研究开发活动所发生的费用。受托研发的境外机构是指依照外国和地区(含中国港澳台)法律成立的企业和其他取得收入的组织;受托研发的境外个人是指外籍(含中国港澳台)个人。

第五章　研究开发经费的管理

第十三条　公司财务部是研究开发经费的归口管理部门,具体负责研究开发项目的审定和费用指标方案的制订以及项目结果的评定工作。

第十四条　研究开发经费按研究开发项目计划下达到具体项目,实行专款专用,严格管理,不得挪作他用。

第十五条　研究开发经费的拨付按照公司资金拨付的规定执行,各项目小组只有在研究开发项目委托开发合同签订后才能启用,并由项目小组按规定的使用范围严格控制、合理使用。

第十六条　研究开发有关内容需要与外单位(本公司以外单位)合作或委托其进行的,必须签订科研项目外委技术合作研究合同,该合同由公司财务部审查后才能生效拨款。

第十七条　研究开发经费在使用中有关单位分管技术工作的领导,科技部门负责人要按内控制度授权的规定执行,并按照不同的项目进行核销。

第十八条　各项目小组对已发生的研究开发经费要及时填入科技项目月报表报公司财务部、研发中心,财务部与研发中心按相关制度规定每两个月核对一次经费支出明细,核对记录由财务总监、研发中心主任共同签字认可。

第十九条　各项目研发小组对于因研究开发工作需要,购置2 000元以上设备、仪器者,须列入单位固定资产,并经单位资产管理部门签收后方可到财务核销,项目完成后办理有关转资手续。

第二十条　对于研究开发经费的使用情况,公司将组织适时审查,如发现经费使用不当的,要追究项目研发组长的责任,并视具体情况,收回项目计划安排的投资款项;如发现违法乱纪行为,追究当事人的法纪责任。项目申报部门和个人在申请立项、编制项目申报材料的同时,应当编制项目概算。

第二十一条　多个部门共同承担一个项目的,应当同时编制各部门承担的主要任务、经费预算等。

第二十二条　财务部、研发中心负责审核项目预算,报总经理审批后,将项目年度预算下达到项目研发小组。

第六章　研究开发经费的核算科目

第二十三条　公司财务部以经审批通过的每个研发项目为基本单位,分别进行测度并加总计算,并按《工作指引》要求设置高新技术企业认定专用研究开发费用辅助核算账目和进行核算。

第二十四条　研究开发项目的成本科目设置如下：

(1) 人员人工费用；

(2) 直接投入费用；

(3) 折旧费用与长期待摊费用；

(4) 无形资产摊销费用；

(5) 设计费用；

(6) 装备调试费用与试验费用；

(7) 其他费用；

(8) 委托外部研究开发费用。

第七章　项目的结题与经费决算

第二十五条　科技项目严格按计划组织实施,按时结题。各类项目结题时按照有关计划要求和合同要求,实事求是地进行工作总结和技术总结,完成工作报告和研究开发报告。项目完成后,首先由研发中心按照企业科研开发项目立项申请书和《科研开发项目合同》组织进行验收,并签署验收意见。最后提交研发中心组织科技成果鉴定。

第二十六条　项目完成后,项目负责人提出经费验收申请,企业财务部负责组织对项目经费进行验收。

第八章　附　则

第二十七条　本制度由公司财务管理部、研发中心负责解释。

第二十八条　本制度自公布之日起实行。

××××有限公司
××××年××月××日

6.3　设立研发机构及产学研合作

企业设立研发机构或者进行产学研合作需要具有相关设备、文件以及相关财务报表,具体内容如下。

(1) 研发设备一览表：研发设备可以包括中试车间、研发仪器等设备等,列出清单,可附照片；最好有近三年购置的设备,且有财务报表支撑。

(2) 发展产学研活动：与高校院所签订《产学研合作协议》、共建研发中心、共同申报项目协议等合作文件。

(3) 产学研合作证明：资金往来凭证、共同专利、论文、政府合同等。

通常情况下,企业的产学研合作管理制度可以参考下面的范例进行制定。

【范例】

产学研合作管理办法①

第一章 总 则

第一条 为加强公司与科研院校的产学研合作力度,提高公司自主创新能力,提升公司核心竞争力,根据《中华人民共和国科学技术进步法》《中华人民共和国促进科技成果转化法》的相关规定,结合公司实际,制定本管理办法。

第二条 产学研合作,是指公司与科研机构、高等院校通过共同合作开发或直接采用科研机构、高等院校具有实用价值的科技成果,改进企业的技术、工艺和装备水平,并形成新产品、新工艺、新技术、新装备或新材料的技术创新活动。

第三条 产学研合作应当遵循自愿公平、诚实信用的原则,并依法或依照合同约定享受利益、承担风险。

第四条 公司研发部为产学研合作职能部门,负责全公司产学研合作的技术交流、组织管理、考核评价及协调工作。

第二章 组织管理

第五条 公司研发部要建立科技信息网络,搭建信息交流平台,紧密跟踪科研院所的技术研究工作动态,了解公司各单位技术需求,及时与技术人员交流,建立技术联络通道。

第六条 研发部每年邀请相关科研院所到公司进行现场调研,发现生产中存在的问题,确定技术课题,定期召开产学研合作单位技术交流会议。

第七条 产学研合作的选题范围主要围绕技术研发过程中的技术难题、研发部研究开发课题、行业共性技术难题、公司重大技术攻关课题等。

第八条 产学研合作成立研发经济实体的,必须按《公司法》的相关规定运行。

第九条 与科研院所共建的研究室,每季度必须向公司研发部汇报课题研发进展情况、经费使用情况及研究人员的工作情况等信息。

第十条 产学研合作课题组成员可以采用在社会招聘、公司内部抽调等方式。

第十一条 产学研合作机构人员管理,参照公司有关规定执行,课题组组长负责对课题组成员的管理与考核。

第三章 合作模式及工作程序

第十二条 根据公司技术创新体系及技术需求现状,产学研合作模式有以下几种方式。

(1)技术转让:科研院所将所持有的技术成果按照合同约定转让给公司使用。

(2)委托开发:公司根据研发项目或产业发展要求,委托高校或研究院所对新技术、

---

① 参见 http://www.docin.com/p-1120843702.html。

新产品、新工艺和新材料进行专题研究,并将其研究成果按合同的约定转化应用。

(3) 共建研发实体:(公司目前主要采用这种形式)利用科研院所的基础理论扎实、研发能力强的技术优势,结合公司生产过程工艺熟悉、具有产业化和资金优势,由双方技术人员共建研发实体,对某一课题进行联合研究开发。

(4) 共建人才培养基地:由公司和高校科研单位共建人才培训基地,为企业可持续发展提供高素质人才,为高校提供实地培训的基地。

第十三条 产学研合作工作程序

(1) 公司研发部提出产学研合作课题(项目)及意向合作单位。

(2) 公司研发部组织有关部门对产学研合作课题、合作单位进行考察,报公司领导审定。

(3) 与产学研合作单位签订合作协议。协议内容包括:合作形式、合作双方权利、义务、资金预算、成果管理、薪酬等事项。

(4) 任用产学研合作课题组负责人、课题组成员,确定课题组工作地点等事宜。

(5) 资金注入,课题组开始工作。

第四章 成果管理

第十四条 公司产学研合作技术成果原则上归公司所有,课题组成员可以根据其贡献大小获得公司奖励。

第十五条 公司产学研合作项目成果申报,由产学研课题组准备相关资料报公司研发部统一组织申报工作。

第十六条 产学研合作成果应用推广

(1) 产学研合作取得的科技成果由研发部组织在公司推广及应用。对具有重要推广价值的优秀科技成果,将优先列入公司科技成果推广计划予以支持,重大项目给予重点支持。

(2) 科技成果的对外转让工作,必须以公司名义对外签订技术转让合同,严禁以课题组或个人名义对外签订科技成果转让合同或协议。

第十七条 对产学研合作中作出突出贡献的个人除协议中应该给予的待遇外,可按照公司《绩效考核管理办法》对个人进行奖励。

第十八条 对于双方合作开发项目所获得的经济效益,根据双方合同约定对利益分成。

第五章 资金管理

第十九条 产学研合作经费列入公司年度项目开发费用计划。

第二十条 研发部根据国家、省、市政策要求,积极申请产学研合作项目资金支持,加大产学研资金的投入。

第二十一条 组建产学研经济实体,以技术成果入股的,必须符合国家相关规定,技术入股比例不能超过总股本的35%。

第二十二条　产学研合作机构资金的注入必须在签订合同后,由产学研合作课题组提出资金申请,经研发部审核,公司总经理审批后,按合同要求拨付。

第二十三条　研究室建立在科研院校的,其购置的固定资产,必须将资产明细报公司研发部,课题结束时移交研发部。

第二十四条　产学研合作经费必须单独建账,专款专用,年终及项目终止由公司财务部部门审核。

第六章　附　则

第二十五条　本办法由公司总经办负责解释。

第二十六条　本办法自公布之日起实行。

××××有限公司
××××年××月××日

6.4　科技成果转化制度与创新创业平台建设

科技成果转化组织实施与激励奖励制度,就是公司根据自己的实际情况,制定与成果转化收益关联的科研人员考核激励制度;个人或团队自主创新活动管理制度、机制、文化;员工发明创造奖励办法等一系列规范性文件,并在日常管理过程中加以贯彻落实与执行。通常情况下,企业的《科技成果转化管理制度》《知识产权管理办法》和《科技成果奖励办法》等可参考下面的范例进行制定。

【范例】

成果转化的组织实施与激励制度管理办法[①]

第一章　总　则

第一条　为了规范公司的科技成果转化管理工作,调动公司各阶层人员从事科技成果转化的积极性、主动性和创造性。根据国家和我省的有关规定,结合本公司的实际情况特制定本制度。

第二条　本办法适用于公司所有技术研发人员以及有创新成绩的普通员工。本办法适用于公司所有新产品研发与创新。

第三条　公司建立创新创业平台,提供一定的成果转化资源支持,鼓励自主进行成果转化,实现自主创业。

第四条　本制度涉及的科技成果是指我公司承担国家、地方、企事业单位等科研项目或者利用公司的物质技术、人力以及其他资源完成的技术成果,我公司对其拥有完全的或者部分的知识产权。

---

① 参见 https://wenku.baidu.com/view/c36100e155270722182ef75e.html。

第五条 本制度所指的科技成果转化是指为提高生产力技术,面对科学研究与技术开发,所产生的具有实用价值和市场前景的科技成果进行的后续试验、开发、应用、推广直至形成新产品、新工艺,新材料,发展新产业等活动。

第六条 本制度所指的"收益"是指科技成果转化所产生的一切收益,包括转让费、许可费、技术入股的股权与该成果相关的所有权益。

第七条 公司鼓励成果完成人(项目组)进行科技成果转化,对科技成果转化工作实施科学和规范管理,合理分配科技成果转化取得的收入,奖励在科技成果转化中做出突出贡献的组织和个人。

第二章 组织实施和管理

第八条 研发部负责公司科技信息的收集、整理,以及科技成果的发布和需求信息的收集和沟通,负责组织公司相关部门或者成果完成人(项目组)开展成果转化活动,协助财务部做好以科技成果转化获得效益或者收益的管理相关工作。

第九条 相关部门应采取积极措施,对科技成果转化中队伍组织,技术支撑环节等方面加强协调并给予必要的支持,推进科技成果转化工作。

第十条 建立创新创业平台,根据成果情况,针对企业人员通过自主组织团队,以及根据实际情况确定成果转化方式,实施成果转化。对研发成果进行自主转化;企业提供一定的场地、设备等资源进行支持,转化成果所获得的收益按照折股或者技术入股的方式与企业进行利益分配。

第十一条 成果完成人(项目组)可自行进行成果转化,但应事先向公司进行报备,而且按照公司的要求进行转化工作和后续的相关工作。

第十二条 科技成果转化的具体形式可根据实际情况和成果转化的要求进行设定,科技成果可以采用以下方式进行转化:

(1) 自行投资实施转化;

(2) 向他人转让科技成果;

(3) 以科技成果作为合作条件,与他人共同实施转化;

(4) 以科技成果作价投资,折算股份或者出资比例。

第十三条 公司董事会、财务部和相关监督管理部门对科技成果转化进行审查和跟踪,其他项目组和个人不得擅自对外签订各项科技成果转让合同(协议)、技术服务合同和技术咨询合同。各项科技成果(技术)的转化合同(协议)、技术服务合同和技术咨询合同的订立须经董事会和财务部审核方可生效。

第十四条 合同生效后,合同实施单位或个人应该严格按照合同的规定履行合同义务,合同实施组织或者个人在履行合同义务(包括对外提供技术资料)时,应注意登记并保存有关记录。

第十五条 公司鼓励个人参与科技成果转化工作,并积极发挥自主能动性和技术经验,促动成果转化的顺利进行并获得良好的效果。

第三章 技术权益

第十六条 与其他单位、公司或组织合作进行科技成果转化的,应当以合同形式约定科技成果有关权益的归属,合同未做约定的按照下列原则进行办理。

（1）在合作转化中无新的发明创造的,该科技成果的权益归本公司所有；

（2）在合作转化中有新的发明创造的,该新发明创造的权益归合作方所有；

（3）对合作转化中产生的科技成果,各方都有实施该项科技成果转化的权利,但须经合作各方同意。

第十七条 公司与其他公司或组织合作进行科技成果在转化的,合作方应当就技术秘密签订协议,当事人不得违反协议或者违反权利人有关保守技术秘密的要求擅自披露、允许他人使用该技术成果。技术交易管理机构或者中介机构在为我公司从事技术代理或者服务中,对知悉的有关技术有保密义务。

第四章 收益分配

第十八条 科技成果转化所取得的收益一律进入公司账户统一核算,统一管理,并按照本制度进行收益分配。

第十九条 收益分配按如下办法执行：成果收益的人员分配主要依据研究人员承担科研任务情况,采用"事先认定、事后调整"的方式进行,承担任务比重及对科研成果的贡献程度。

（1）科技成果转让或者许可他人使用,所得的收益按照9:1的比例进行奖励,即成果完成人(项目组)获得所得的收益的10%,该奖励的发放按照获得收益后进行10%的分配方式进行。另外,项目组多个人的情况,奖励的形式按照均等分配的方式,项目组长有权进行项目奖励分配方案的制订,并实施分配；

（2）科技研发成果是在企业内部转化和实施的,奖励方式按照公司的奖励制度进行,通过对项目成果的实施情况和经济效益情况进行评估,给予一定的金额奖励,分配方案按照项目组成员在项目转化过程中负担的工作进行分配,项目组长有权进行项目奖励分配方案的制订,并实施分配。成果收益的奖励制度是与年薪制、绩效奖励制度并列的研究人员激励制度,研究人员的成果收益不影响其年薪和绩效奖励的发放。

第二十条 成果完成人(项目组)之间的收益分配由项目主持人确定。

第二十一条 在科技成果转化中获得报酬和获得奖励的个人,依法缴纳个人所得税。

第五章 法律责任

第二十二条 在科技成果转化活动中弄虚作假,给企业造成经济损失的,按照公司的相关规定,视影响的大小和损失情况进行相应的处罚和赔偿；构成犯罪的,公司有权对当事人追究法律责任。

第二十三条 对违反本规定及知识产权保密的相关管理规定,泄露技术秘密、擅自转让、变相转让公司技术成果,或者以技术指导等其他方式损害公司知识产权权益的,公司将根据中华人民共和国有关知识产权相关法律、法规、司法解释,追究相应的法律责任。

附 则

第二十四条 奖励发放统一年终发放。

第二十五条 本管理制度由我公司负责解释。

第二十六条 本制度自颁发之日起实施。

××××有限公司

××××年××月××日

【范例】

创新创业平台管理制度①

第一章 总 则

第一条 为提高企业自主创新能力,推动创新型技术人才的培养,激励科研人员创新创业,提升企业的科技竞争优势。特制定本制度。

第二条 公司设立创新创业专项资金。专项资金包括各级财政资助项目专项资金、公司自筹资金及吸纳社会资助资金。

第三条 专项资金主要用于:

(1) 管理创新支出,公司实施创新创业计划的模式研究、制度改革、人才培养等方面的支出。

(2) 技能创新支出,创新技能训练项目、竞赛项目的开展及奖励、获得专利发明的资助和奖励。

(3) 人才创新支出,主要用于公司创新型研发队伍建设方面的支出。包括用于聘请专家指导公司创新创业实践活动,或有条件地输送优秀研发人员外出参加培训、学术交流等支出。

(4) 创业项目扶持,包括创业资金扶持、企业债券融资、股权融资等支出。

第四条 公司创新创业项目申请全年受理,一般于每年3月份和10月份对申报的项目组织评审,符合条件的给予立项和经费资助。

第五条 专项资金按照统一规划、专账核算、专款专用、结余留用的原则,实行项目管理。

第二章 组织管理

第六条 公司成立由总经理任组长,技术研发负责人任副组长的创新创业工作组,研发中心、管理、财务、市场、生产、采购各部门负责人为领导小组成员。

公司创新创业领导小组职责:

(1) 负责公司创新创业工作整体规划和领导。

(2) 组织对公司创新创业项目的评审。

---

① 参见 https://wenku.baidu.com/view/dfe77171b94ae45c3b3567ec102de2bd9705de5e.html。

(3) 聘请专家、通过产学研合作指导、开展创新创业活动。

(4) 组织技术人员参加各类创新创业竞赛项目。

(5) 负责对资助项目进行监督检查。

(6) 组织对创新创业活动的先进项目组和个人的评选表彰,以及成果的认定和奖励。

第三章　评审管理

第七条　创新创业项目申请人应具有良好的道德品质,较强的创新创业意识和一定的创新创业能力。在同等条件下,学习技术成果丰硕,专业技能突出,以及承担并完成过各级政府资助项目的项目团队及个人优先。

第八条　创新创业项目实行项目负责人负责制。项目负责人应当自觉接受有关部门的管理和监督,并对项目经费使用的真实性、合法性和有效性承担直接的经济与法律责任。

第四章　附　则

第九条　本管理办法自发布之日起实施。

×××有限公司
××××年××月××日

6.5　科技人才的队伍建设

科技人才的队伍建设,主要涉及的内容有以下方面:

(1) 建立科技人员的培训进修、职工技能培训、优秀人才引进制度。

(2) 制定人才绩效评价奖励制度。

通常情况下,企业的科技人员绩效考评办法、培训制度、绩效奖励制度管理等可参考以下范例进行制定。

【范例】

研发人员绩效考核实施细则[①]

一、绩效考核的目的

(1) 不断提高公司的新产品开发能力和科技研发水平,增强企业市场竞争力;

(2) 加深公司研发人员了解自己的工作职责和工作目标;

(3) 不断提高公司研发人员的创新能力,改进工作业绩,提高研发人员在工作中的主动性、积极性和创造性;

(4) 建立以部门、班组为单位的团结协作、工作严谨高效的研发团队;

(5) 通过考核结果的合理运用(奖惩或待遇调整、精神奖励等),营造一个激励研发人

---

① 参见 https://wenku.baidu.com/view/7abb54d3cc1755270622081f.html。

员奋发向上的工作氛围。

二、绩效考核的原则

1. 公平、公开性原则

公司全体研发人员都要接受公司考核，对考核结果的运用公司同一岗位执行相同标准。

2. 定期化与制度化原则

绩效考核工作在绩效考核小组的直接领导下进行，综合部是本制度执行的管理部门。

（1）公司对研发人员的考核采用每月考核方法，综合部每月将各部门考核结果公布，每年根据考核结果兑现奖惩。

（2）绩效考核作为公司人力资源管理的一项重要制度，所有研发人员都要严格遵守执行，综合部负责不断对制度进行修订和完善。

3. 分级考核原则

考核小组考核项目负责人，项目负责人考核下属项目研发人员。

4. 百分制原则

评分标准采取3∶7的办法：本人评价占30%，上级评价70%。

5. 灵活性原则

公司对研发人员的考核分为定量考核和定性考核。不同岗位、不同层次、不同时期两者考核重点不同、所占分值比例不同。

项目负责人：定量考核70%，定性考核30%。

研发技术人员：研发时期，定量80%，定性20%。非研发时期，定量40%，定性60%。

其他研发管理人员：定量60%，定性40%。

定量考核：

（1）项目负责人：项目重点管理和研发工作(总经理安排的工作；每月项目负责人会议确定的各项目研发的重点工作；每月考核会安排的工作；项目年度工作目标分解；因研发生产活动所需随时增加的工作)的完成质量和数量。

（2）其他项目研发和管理人员：本项目岗位职责规定的工作；项目负责人安排的工作。

定性考核：公司行为规范(工作态度、工作能力、安全、卫生、考勤、行为准则等软指标)。

三、组织领导

公司成立总经理领导下的绩效考核小组，组织领导公司研发人员的考核工作。

（1）组长负责主持每月、每年考核总结会，对上月考核工作总结，布置下月各部门工作重点；每月的考核由每月最后一个周六组织召开。

（2）负责考核制度的讨论、修改及监督实施。

（3）负责各研发项目"定量考核"的评价。

（4）负责安排各项目组下月工作重点。

四、考核标准

根据公司生产经营情况、市场需求等不同，公司各项目组工作重点不同，所以考核的标准也不相同。各项目考核工作目标和内容根据公司生产经营及管理情况确定。

1. 定量考核标准说明（各项目职务考核标准附后）

（1）项目负责人考核项目分值比例由考核小组确定；各项目下属研发人员的考核项目分值比例由项目负责人确定。确定分值比例必须科学合理，结合工作重点，不得避重就轻，否则扣相关人员10分。

（2）评分小计＝上一级评分×70％＋自评分30％

（3）考核会时各项目负责人不能提出实质性工作（非日常事务性工作），则视为工作不作为，由考核会扣下周定量考核积分30分。

（4）定量考核出现产品质量事故、人身安全事故、设备运转事故（以上事故给公司造成经济损失1 000元以上），或存在重大安全隐患，本部门本月定量考核积分为0。

（5）考核会要确定各项目每月重点工作完成的指标：质量要求、数量要求、完成时限、责任人等，由综合部备案。

（6）对总经理的决定、指示或公司会议精神贯彻执行情况：未执行扣30分；执行不全面，效果不明显扣10分。

（7）下属岗位研发人员出现严重的工作失误或违纪行为，视给公司造成的损失或影响扣10—30分。

（8）出现研发设施设备事故扣10—40分。

（9）上级考核下级时要尊重客观事实，不能受人际关系和感情的影响，不得有打击报复的行为。否则扣相关人员20分。做评价时参照以下判断基准：

① 工作过程的正确性；

② 工作结果的有效性；

③ 工作方法选择的正确性；

④ 工作的改进和改善及创造性；

⑤ 解决问题的能力；

⑥ 责任意识、个人品格。

2. 定性考核标准说明

（1）项目负责人考核标准。

① 公司规定的各种会议组织情况：未召开扣10分。

② 公司规章制度执行情况：未按制度执行扣20分（如：研发人员迟到不处罚），执行力度不恰当扣10分。

③ 对本部门研发人员绩效考核工作不细致、不精确扣10分；未按公司规定进行考核扣30分。

④ 未按规定的时间和要求完成工作,扣 5—15 分。

⑤ 伙房、仓库、宿舍、门卫、车辆等下属岗位出现严重的工作失误或违纪行为,视给公司造成的损失或影响扣 10—30 分。

⑥ 因研发计划或统计工作问题影响公司研发生产,扣 30—50 分。

⑦ ISO9000 体系管理工作不到位,扣 5—20 分。

⑧ 人事管理工作出现失误或漏洞,扣 10 分。

(2) 研发管理人员考核标准。

① 劳动用工管理。

a. 根据总经理批准的计划对新进研发人员进行招聘。

b. 负责对新招聘研发人员的用工手续的办理,各种证件的审核存档。

c. 根据公司规定负责与研发人员签订劳动合同、办理相关保险。

d. 负责公司劳动用工年检。

未按以上规定办理或出现工作失误扣 10 分。

② 研发活动管理。

a. 根据合同要求编制《研发计划》,《研发计划》主要涵盖研发费用预算、研发人员投入、研发设施投入等。因生产计划而影响研发活动进程或出现失误,视造成的损失或影响扣 20—50 分。

b. 研发统计:根据《研发活动进程表》情况,每周进行研发情况汇总包括研发活动的进展,项目成果等。

c. 按时报送各类研发报表。如各类报表不全面、数字不准确或对外报送不及时扣 5—20 分。

③ 负责研发活动所需办公用品、劳保用品的购买、下发管理及控制工作。出现工作失误扣 5—20 分。

④ 负责公司研发人员考勤管理,每月按时提供研发人员出勤表,出勤表必须实事求是,出现差错扣 10 分。

⑤ 项目负责人安排的其他工作,必须按时保质保量完成,否则扣 10 分。

五、考核奖惩办法

(1) 公司对项目负责人的考核实行"月考核、年汇总"的办法,每年由综合部统计出各部门本月考核积分。

分为四个档次:

A 类:积分 95 分以上;

B 类:积分 85—95 分;

C 类:积分 75—85 分;

D 类:积分 75 分以下。

(2) 物资奖惩:

① 对研发项目负责人：公司中层干部工资中的职务补贴作为考核工资。

A 类：按职务补贴的 130% 计发；

B 类：按职务补贴的 100% 计发；

C 类：按职务补贴的 70% 计发；

D 类：按职务补贴的 30% 计发。

② 对部门研发人员：

A 类：奖励本部门研发人员每人 3 000 元；

B 类：奖励本部门研发人员每人 1 000 元；

C 类：扣罚本部门研发人员每人 300 元。

说明：

(1) 加减分最高为 30 分，考评会有 10 分的权力，超过 10 分需经总经理批准。

表扬加分：不在计划之内，但给公司创造出经济效益或积极影响。部门研发人员受到公司通报表扬的加 10 分。

差错扣分：未列入考核计划范围，但给公司带来损失或不良影响。

(2) 自我评价：根据工作目标任务和实际完成情况进行自我评价，总结经验教训。

考核小组评价：指出工作中存在的问题和改进意见。

经理评价：对部门工作情况做出客观的总结。

【范例】

科技人员的培养进修、职工技能培训制度①

第一部分　总　则

一、目的

为了提升员工思想道德素质，提高员工绩效和组织效率，促进员工个人全面发展和公司可持续发展的目的，制定本制度。

二、培训形式

培训形式分为公司级培训、部门级培训、员工自我培训。

公司级培训主要指覆盖全公司范围内的培训，由综合管理部计划、组织实施；部门级培训由各部门根据实际工作需要，对员工进行小规模的、灵活实用的培训；员工自我培训指员工利用业余时间积极参加各种提高自身素质和业务能力的培训。

三、总经理、分管经理及各部门、分公司职责

(一) 总经理

(1) 负责审批公司级培训计划和培训效果评价方案。

(2) 监督公司级培训计划的实施。

---

① 参见 https://www.wendangxiazai.com/b-e37020a277232f60dccca108.html。

（二）分管经理

(1) 负责审批部门级培训计划和培训效果评价方案。

(2) 监督部门级培训计划的实施。

（三）综合管理部

(1) 拟订公司级培训计划和培训效果评价方案，报总经理审批通过后，组织实施，对培训过程进行控制。

(2) 协助分管经理对部门级培训计划进行审核、备案，监督实施。

(3) 建立培训档案，将员工接受培训的具体情况和培训结果详细记录备案。包括培训时间、培训地点、培训内容、培训目的、培训效果自我评价、培训者对受训者的培训评语等。

（四）其他部门和分公司

(1) 拟订部门、分公司培训计划和培训效果评价方案，报分管经理审批通过后，组织实施。

(2) 协助综合管理部进行公司级培训工作的开展。

(3) 向综合管理部报送培训成果，以建立员工培训档案。

(4) 受训员工完训后的督导与追踪，以确保培训成果。

四、培训计划

1. 公司级培训计划的审批程序

综合管理部根据公司战略发展要求及运行期（非运行期）工作目标，拟订公司级培训计划，经分管经理（综合部、储运部）审核、总经理审批后下发执行。对于临时提出参加各类外派培训的员工，均要经所在部门负责人同意，填报员工外派培训表，公司分管经理审核后，总经理审批，综合管理部备案。

2. 部门级培训计划制定及审批程序

综合管理部每年3月初和9月初分别发放员工培训需求调查表，部门、分公司负责人结合员工具体情况及本部门的实际情况，填写员工培训需求调查表，并将员工的培训需求调查表进行汇总，拟订出本部门运行期（非运行期）培训计划，于3月中旬、9月中旬经分管经理审批后，将培训需求调查表培训计划表送交综合管理部人力资源助理。人力资源助理根据报回的部门级培训计划进行备案，同时通知各部门执行。

五、培训实施

(1) 培训主办部门应依培训计划按期实施并负责该项培训一切事宜，如培训场地安排、通知培训师及受训人员。

(2) 各项培训结束时，培训主办部门应根据情况举行测验或考核。由主办部门负责人或培训者负责主持。

(3) 综合管理部应定期召开培训效果评估会议，或者采取与被培训人座谈会、观察法及绩效考核等各种方式开展，评估各项培训课程实施成果，送交各有关部门参考予以改进。

(4) 各项培训测验或考核缺席者,事后一律补考,补考不列席者,一律以零分计算。

六、培训效果评估

每项培训结束 3 天内,培训者应将员工的成绩评定出来,登记在培训考核成绩表,并要求受训人员写出培训小结,总结自己在思想、知识、技能、作风上的进步,与培训成绩送交综合管理部,一起放进人事档案,以建立个人完善的培训资料。

七、员工培训出勤管理规定

(1) 员工培训出勤管理由各部门、分公司自觉负责遵守,综合管理部监督和检查。

(2) 一般情况下,培训只能利用业余时间,如确需占用工作时间参加培训的,须凭培训主办部门的有效证明,经所在部门及分管经理批准后,方可参加培训。

(3) 培训期间不得随意请假,如确因公请假,须填写培训员工请假单,并呈请部门、分公司负责人核准,交至综合管理部备查,否则以旷工对待。

(4) 上课期间迟到、早退依下列规定办理(因公并持有证明者不在此限):迟到、早退达三次者,以旷工半天论;迟到、早退达三次以上六次以下者,以旷工一天论。

(5) 员工参加培训,必须在员工培训签到表上亲笔签名以示出勤,严禁其他员工代签,一经发现,代签员工和被代签员工均按旷工处理。培训单位以签到及课上点名为依据,将参训员工的上课记录登记在员工培训记录上,并由综合管理部归入员工培训档案中保存。

第二部分 新员工培训

(1) 该培训旨在向新员工介绍公司的基本背景情况,明确自己的工作职责、程序、标准,从而帮助其顺利地适应公司环境和新的工作岗位,提高工作绩效。

(2) 新员工培训是综合管理部及员工所在部门的共同责任,最迟不应超过报到后两周内执行。

(3) 参加新员工培训的员工在培训期间如遇特殊情况需请假者,请按《员工培训出勤管理规定》执行,并在试用期内补修请假期间课程,否则,不得转为正式员工。

(4) 各部门及分公司在对新员工进行培训后,要及时对其进行考核。填写新员工培训表,合格者,获得结业证明;不合格者,重新培训。

第三部分 经理级人员的培训

(1) 经理级人员包括公司总经理与分管经理。

(2) 培训目的。

通过培训使高层管理人员适应经营环境的变化、了解行业发展趋势以及进行决策的程序和方法,提高洞察能力、思维能力、决策能力、领导能力,以确保决策正确。

(3) 对高层管理者培训内容。

宏观经济环境和趋势分析;政府的各项政策法规(投资、税收、劳动、人事、财政、金融等政策法规);行业状况;新兴科技和产业等。管理模式;公司宗旨;组织文化等。内部资源分析(经营分析、财务分析、人力资源分析);外部机会与挑战分析;多元化、一体化经营策略。企业家精神;个人权威和影响力;人格魅力;现代管理思想;领导艺术等。环境保护与可持续发展;如何将社会责任转化为组织机会。

(4) 培训方式

① 参加高等院校或专业培训机构为公司高层管理人员举办的培训班等。

② 管理专题论坛或讲座。

③ 电视讲座或视频讲座培训。

④ 其他培训。

第四部分 部门级人员的培训

(1) 部门级人员是指各职能部门和业务部门的正职和副职。

(2) 培训目的。

通过培训使中层管理人员更好地理解和执行公司高层管理团队的决策,具备多方面的才干和更高水平的管理能力,改善管理工作绩效、提高管理水平和管理质量。

(3) 培训内容。

① 职能部门中层管理者培训的主要内容:本职位的任务、责任和权限;如何有效授权;如何领导;如何协调;如何激励;绩效管理;指导部下不脱产教育培训的方法;部门间的协作;公共关系与人际关系;沟通技能(如何说服、谈判、解答咨询、演讲、公文写作、主持会议)等。

② 对业务部门中层管理者教育培训的主要内容:总体经营计划;本职位的任务、责任和权限;人际关系及工作方法;各类规章制度;本部门经营中存在的问题;产业或同行的信息;生产组织;人员调配;绩效考核;安全工作;财务会计;提高管理能力和业务能力的方法等。

(4) 培训方式。

① 结合公司自身的业务发展,外请行业专家讲课或到先进公司参观学习、交流经验。

② 公司组织内部研讨活动,鼓励中层管理人员研讨公司的经营管理问题。

③ 安排有培养前途的中层管理人员在公司的各管理岗位轮流任职。

××××有限公司
××××年××月××日

【范例】

人才绩效考核制度[①]

一、总则

为鼓励创新、激发热情,根据公司发展规划结合当前研发工作实际,特制定本绩效考

---

① 参见 https://wenku.baidu.com/view/73c4c81e9e3143323868939b.html。

核制度。

二、绩效考核的总体要求

(1) 对"目标"的要求：明确、量化、可行；

(2) 对目标的完成情况要求定期评估、考核、面谈与辅导；

(3) 绩效考核的结果要求定期公布执行。

三、绩效考核的组织原则

(1) "集体讨论、主管执行"，即目标制定、绩效评估、绩效考核要经由考评小组集体讨论通过；具体的面谈、辅导由直接主管负责一对一进行。

(2) 参加评估、考核的人员，在结果或结论未批准前，不准泄露任何有关信息；结果或结论批准后，不准泄露讨论过程的任何信息。

四、制定目标的程序

(1) 经理部针对具体项目向总经理请示，要求组建目标制定小组，其成员必须有经理部经理、公司主管领导参加，经理部经理为组长。

(2) 目标制定小组根据公司年度生产经营计划制定具体的绩效目标，报请总经理批准执行。

(3) 经批准的绩效目标，由部门经理与人才中心人员签订绩效目标责任书，正式执行。

(4) 经批准的绩效目标由人才中心送经理部备案，同时也供经理部经理监督执行。

五、绩效评估的程序

(1) 由目标制定小组承担绩效评估工作，并由目标制定小组组长主持评估会议。

(2) 逐个将人才中心人员实际完成的情况与绩效目标责任书中规定的绩效目标进行对比评估，形成评估结论；评估结论要求清晰、明了，既肯定成绩，又指出差距。

(3) 评估会议要形成会议纪要，评估结论要形成书面材料，由经理部保存，作为面谈、考核之用；

(4) 绩效评估结论报请公司主管领导批准。

(5) 经批准的绩效评估结论，必须于批准的次日公布。

(6) 评估周期：每月一次。

六、绩效考核的程序

(1) 由目标制定小组承担绩效考核工作，并由目标制定小组组长主持考核会议。

(2) 逐个将研发人员的月度评估结果与绩效目标责任书中规定的绩效目标进行对比评估，形成考核结果；考核结果的形式为奖励、惩罚、表扬、批评的一种或几种。

(3) 考核会议要形成会议纪要，考核结果要形成书面材料，由经理部保存，作为面谈、考核之用。

(4) 绩效考核结果报请总经理批准执行。

(5) 经批准的绩效考核结果，研发部门必须于批准的次日公布执行，并送人力资源部门一份存档。

(6) 考核周期：每季度一次。

七、绩效面谈与辅导

(1) 由经理部经理负责与人才中心人员进行具体的面谈与辅导。

(2) 面谈与辅导的时机：评估结束、考核实施前后或部门经理认为恰当的时候。

(3) 面谈与辅导的周期：每月最少一次。

八、附则

(1) 本制度由经理部及人才中心负责起草，解释权归经理部及人才中心。

(2) 本制度自修订之日起执行。

(3) 本制度根据需要定期评审修订。

××××有限公司

××××年××月××日

第七章 企业的成长性

7.1 关键术语与指标解读

7.1.1 高新技术产品(服务)与主要产品(服务)

高新技术产品(服务)是指对其发挥核心支持作用的技术属于《国家重点支持的高新技术领域》(以下称《技术领域》)规定范围的产品(服务)。

主要产品(服务)是指高新技术产品(服务)中,拥有在技术上发挥核心支持作用的知识产权的所有权,且收入之和在企业同期高新技术产品(服务)收入中超过50%的产品(服务)。

7.1.2 高新技术产品(服务)收入占比

高新技术产品(服务)收入是指企业通过研发和相关技术创新活动,取得的产品(服务)收入与技术性收入的总和。对企业取得上述收入发挥核心支持作用的技术应属于《技术领域》规定的范围。其中,技术性收入包括:

(1) 技术转让收入,指企业技术创新成果通过技术贸易、技术转让所获得的收入。

(2) 技术服务收入,指企业利用自己的人力、物力和数据系统等为社会和本企业外的用户提供技术资料、技术咨询与市场评估、工程技术项目设计、数据处理、测试分析及其他类型的服务所获得的收入。

(3) 接受委托研究开发收入,指企业承担社会各方面委托研究开发、中间试验及新产品开发所获得的收入。

企业应正确计算高新技术产品(服务)收入,由具有资质并符合本《工作指引》相关条件的中介机构进行专项审计或鉴证。

7.1.3 总收入和销售收入

(1) 总收入是指收入总额减去不征税收入。

企业总收入＝收入总额－不征税收入(高新产品收入占企业总收入的60%以上)

收入总额与不征税收入按照《中华人民共和国企业所得税法》(以下称《企业所得税法》)及《中华人民共和国企业所得税法实施条例》(以下称《实施条例》)的规定计算。

(2) 销售收入为主营业务收入与其他业务收入之和。

主营业务收入与其他业务收入按照企业所得税年度纳税申报表的口径计算。

7.1.4 净资产增长率与销售收入增长率

由财务专家选取企业净资产增长率、销售收入增长率等指标对企业成长性进行评价。企业实际经营期不满三年的按实际经营时间计算。计算方法如下：

(1) 净资产增长率。

$$净资产增长率 = 1/2(第二年末净资产 \div 第一年末净资产 + 第三年末净资产 \div 第二年末净资产) - 1$$

$$净资产 = 资产总额 - 负债总额$$

资产总额、负债总额应以具有资质的中介机构鉴证的企业会计报表期末数为准。

(2) 销售收入增长率。

$$销售收入增长率 = 1/2(第二年销售收入 \div 第一年销售收入 + 第三年销售收入 \div 第二年销售收入) - 1$$

企业净资产增长率或销售收入增长率为负的，按0分计算。第一年末净资产或销售收入为0的，按后两年计算；第二年末净资产或销售收入为0的，按0分计算。

7.2 上年度高新技术产品(服务)情况

高新技术企业的上年度高新技术产品(服务)情况根据表6-1来填写(可以根据公司产品分类来写)。

6-1 高新技术企业上年度高新技术产品(服务)情况表[①]

产品(服务)名称			
技术领域			
技术来源		上年度销售收入 (万元)	

---

① 资料来源：《高新技术企业认定管理工作指引》。

续　表

是否主要产品（服务）	□是　　□否	知识产权编号	
关键技术及主要技术指标（限400字）			
与同类产品（服务）的竞争优势（限400字）			
知识产权获得情况及其对产品(服务)在技术上发挥的支持作用（限400字）			

注：按产品类别填报。

第八章
高新技术企业认定申报中的若干问题解读

8.1 高新技术企业认定申报有关流程

8.1.1 高新技术企业认定工作流程

企业申报高新技术企业主要有六大步骤,如图 8-1。

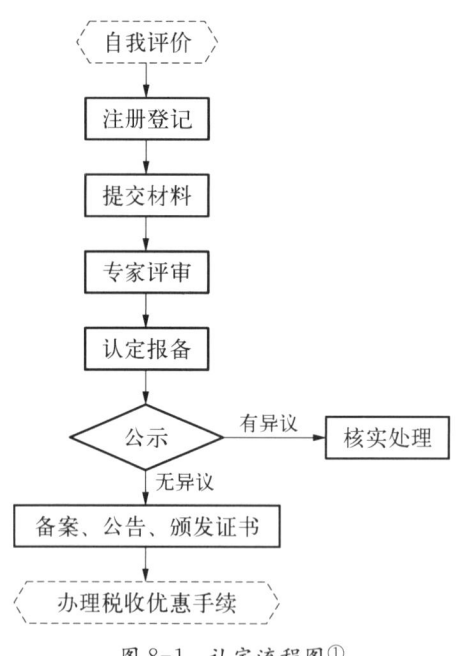

图 8-1 认定流程图①

(一)自我评价

企业应对照《认定办法》和《工作指引》进行自我评价。

---

① 资料来源:《高新技术企业认定管理工作指引》。

(二) 注册登记

企业登录"高新技术企业认定管理工作网"(www.innocom.gov.cn),按要求填写企业注册登记表,并通过网络系统提交至认定机构。认定机构核对企业注册信息,在网络系统上确认激活后,企业可以开展后续申报工作。

(三) 提交材料

企业登录"高新技术企业认定管理工作网",按要求填写高新技术企业认定申请书,通过网络系统提交至认定机构,并向认定机构提交下列书面材料:

(1) 高新技术企业认定申请书(在线打印并签名、加盖企业公章);

(2) 证明企业依法成立的营业执照等相关注册登记证件的复印件;

(3) 知识产权相关材料(知识产权证书及反映技术水平的证明材料、参与制定标准情况等)、科研项目立项证明(已验收或结题项目需附验收或结题报告)、科技成果转化(总体情况与转化形式、应用成效的逐项说明)、研究开发组织管理(总体情况与四项指标符合情况的具体说明)等相关材料;

(4) 企业高新技术产品(服务)的关键技术和技术指标的具体说明,相关的生产批文、认证认可和资质证书、产品质量检验报告等材料;

(5) 企业职工和科技人员情况说明材料,包括在职、兼职和临时聘用人员人数、人员学历结构、科技人员名单及其工作岗位等;

(6) 经具有资质并符合本《工作指引》相关条件的中介机构出具的企业近三个会计年度(实际年限不足三年的按实际经营年限,下同)研究开发费用、近一个会计年度高新技术产品(服务)收入专项审计或鉴证报告,并附研究开发活动说明材料;

(7) 经具有资质的中介机构鉴证的企业近三个会计年度的财务会计报告(包括会计报表、会计报表附注和财务情况说明书);

(8) 近三个会计年度企业所得税年度纳税申报表(包括主表及附表)。

对涉密企业,须将申请认定高新技术企业的申报材料做脱密处理,确保涉密信息安全。

(四) 专家评审

认定机构收到企业申请材料后,根据企业主营产品(服务)的核心技术所属技术领域在符合评审要求的专家中,随机抽取专家组成专家组,对每个企业的评审专家不少于5人(其中技术专家不少于60%,并至少有1名财务专家)。每名技术专家单独填写高新技术企业认定技术专家评价表,每名财务专家单独填写高新技术企业认定财务专家评价表,专家组组长汇总各位专家分数,按分数平均值填写高新技术企业认定专家组综合评价表。具备条件的地区可进行网络评审。

(五) 认定报备

认定机构结合专家组评审意见,对申请企业申报材料进行综合审查(可视情况对部分企业进行实地核查),提出认定意见,确定认定高新技术企业名单,报领导小组办公室备案,报送时间不得晚于每年11月底。

（六）公示公告

经认定报备的企业名单，由领导小组办公室在"高新技术企业认定管理工作网"公示10个工作日。无异议的，予以备案，认定时间以公示时间为准，核发证书编号，并在"高新技术企业认定管理工作网"上公告企业名单，由认定机构向企业颁发统一印制的"高新技术企业证书"（加盖认定机构科技、财政、税务部门公章）；有异议的，须以书面形式实名向领导小组办公室提出，由认定机构核实处理。

领导小组办公室对报备企业可进行随机抽查，对存在问题的企业交由认定机构核实情况并提出处理建议。

8.1.2 高新技术企业更名流程

高新技术企业发生名称变更或与认定条件有关的重大变化（如分立、合并、重组以及经营业务发生变化等），应在发生之日起三个月内向认定机构报告，在"高新技术企业认定管理工作网"上提交高新技术企业名称变更申请表（表8-1），并将打印出的高新技术企业名称变更申请表与相关证明材料报送认定机构，由认定机构负责审核企业是否仍符合高新技术企业条件。

表 8-1　高新技术企业名称变更申请表

企业名称	变更前			
	变更后			
高新技术企业证书编号			发证日期	
联系人			联系电话	
企业名称历史变更情况（认定高新技术企业后）				
序号	变更时间	变更内容		
企业更名原因(限100字内)				
承　诺： 　　以上填报内容及附件信息属实。 　　　　　　　　　　　　　　　　　　法人签字： 　　　　　　　　　　　　　　　　　　申请企业（盖章）： 　　　　　　　　　　　　　　　　　　　　年　　月　　日				

企业仅发生名称变更,不涉及重大变化,符合高新技术企业认定条件的,由认定机构在本地区公示10个工作日,无异议的,由认定机构重新核发认定证书,编号与有效期不变,并在"高新技术企业认定管理工作网"上公告;有异议的或有重大变化的(无论名称变更与否),由认定机构按《认定办法》第十一条进行核实处理,不符合认定条件的,自更名或条件变化年度起取消其高新技术企业资格,并在"高新技术企业认定管理工作网"上公告。

8.1.3 高新技术企业资格的取消与保留

(一)重点检查

根据认定管理工作需要,科技部、财政部、税务总局按照《认定办法》的要求,可组织专家对各地高新技术企业认定管理工作进行重点检查,对存在问题的视情况给予相应处理。

(二)企业年报

企业获得高新技术企业资格后,在其资格有效期内应每年5月底前通过"高新技术企业认定管理工作网",报送上一年度知识产权、科技人员、研发费用、经营收入等年度发展情况报表;在同一高新技术企业资格有效期内,企业累计两年未按规定时限报送年度发展情况报表的,由认定机构取消其高新技术企业资格,在"高新技术企业认定管理工作网"上公告。

认定机构应提醒、督促企业及时填报年度发展情况报表(表8-2),并协助企业处理填报过程中的相关问题。

表8-2 _____年度高新技术企业发展情况报表

企业名称				
组织机构代码/ 统一社会信用代码			所属地区	
高新技术企业 认定证书编号			高新技术企业 认定时间	
企业联系人			联系电话	
本年度 获得的 知识产权数 (件)	发明专利		其中:国防专利	
	植物新品种		国家级农作物品种	
	国家新药		国家一级中药保护品种	
	集成电路布图 设计专有权		实用新型	
	外观设计		软件著作权	
本年度 人员情况 (人)	职工总数		科技人员数	
	新增就业人数		其中:吸纳高校应届 毕业生人数	

续 表

企业本年度 财务状况 （万元）	总收入		销售收入	
	净资产		高新技术产品 （服务）收入	
	纳税总额		企业所得税减免额	
	利润总额		出口创汇总额 （万美元）	
	研究开发费用额		其中	在中国境内 研发费用额	
				基础研究投入 费用总额	
企业是否上市	□是	□否	上市时间	
股票代码			上市类型	

注：以上信息应按《高新技术企业认定管理办法》和《高新技术企业认定管理工作指引》的规定填报。

（三）复核

对已认定的高新技术企业，有关部门在日常管理过程中发现其不符合认定条件的，应以书面形式提请认定机构复核。复核后确认不符合认定条件的，由认定机构取消其高新技术企业资格，并通知税务机关追缴其不符合认定条件年度起已享受的税收优惠。

属于对是否符合《认定办法》第十一条，除（五）款外；第十七条；第十八条；第十九条情况的企业，按《认定办法》规定办理。属于对是否符合《认定办法》第十一条（五）款产生异议的，应以问题所属年度和前两个会计年度（实际经营不满三年的按实际经营时间计算）的研究开发费用总额与同期销售收入总额之比是否符合《认定办法》第十一条（五）款规定进行复核。

8.2 企业各部门分工

为了贯彻落实《国家高新技术产业发展项目管理暂行办法》，有效进行"技术创新"工作，实施企业"科技兴企"的重要决策，企业各部门需根据公司具体情况进行分工合作。

一、技术研发部

公司的技术研发部负责公司产品的研发工作，新产品的研究，技术管理，以及公司的技术发展的总体把握；管理公司产品整体技术的发展轨迹，以及产品的研发进度，同时对研发的成本进行控制。

（1）管理权限：行使对公司技术引进、新产品开发研究、新技术推广应用、技术指导与监督等全过程的管理权限,并承担执行公司规章制度、管理规程及工作指令的义务。

(2) 管理职能:负责对公司产品实行技术指导、规范工艺流程、制定技术标准、抓好技术管理、实施技术监督和协调的专职管理部门,对所承担的工作负责。

二、项目部

(1) 项目部提出结题验收申请,专家组对项目进行验收审查,审核不通过则继续实施项目。

(2) 项目审核通过后,由项目部制定推广计划。

(3) 在注重知识产权的时代,专利申请的成功便意味着对未来市场的拓展和合法垄断,可以延缓同行的进入时机,并能以仿制嫌疑诉讼同行一些企业。公司必须重视专利申请工作,专利申请工作由专利工作组负责。

(4) 为避免和应对同行有可能以仿制嫌疑诉讼我公司,项目小组的所有相关保密资料必须存档保存(文本、光盘、软盘等)。此项工作由产品研发部门负责人负责。

(5) 产品研发部门,对每项技术研发必须要提出申报专利申请,并提供相关资料和文件。

(6) 由专利工作组负责专利申请的报批工作。

三、人事部门

做好人事的档案管理工作。科研人员要单独建立档案管理。

四、财务部门

建立完善的专账制度,编制研发费用辅助账,单独核算高新技术产品(服务)收入。

8.3 认定申报实务中的共性问题解析

一、高新技术企业认定申报实务问答

(1) 高新技术企业对企业规模大小、内外资是否有要求?

答:没有要求。高新技术企业认定标准中,没有对企业规模有任何要求,小企业只要有研发投入,并且符合百分比要求的相对值就可以被认定。高新技术企业不分内外资,都可以被认定。

(2) 企业没有博士,连本科生都没有,是否影响申报?

答:不影响。根据高新技术企业最新认定标准,对企业科技人员学历没有限制。

(3) 高新技术企业评分多少可以被认定?

答:这是理解误区,高新技术企业申报时需要满足八大条件,缺一不可,其中创新能力评价需要打分,超过 70 分(不含 70 分)才可通过。

(4) 专利是在中国台湾申请的行不行,能否在高新技术企业申报中使用?

答:不行。专利必须在中国大陆地区取得认定,因为专利有地域性。建议有条件的企业应以自主申报专利为主,转让和并购来的专利会相应扣分。

二、高新技术企业实例解析

【案例一】

盼石(上海)新材料科技股份有限公司

2016 年 8 月份注册,主要从事新材料的研发、生产、销售。经过评判,企业主要产品发挥核心支持作用的技术属于《国家重点支持的高新技术领域》规定的范围。假设公司有 20 个员工,其中科技人员有 3 个。

盼石公司知识产权情况:在 2016 年申请 6 件发明专利。公司申请的专利与公司产品关联性强。

盼石公司其他情况:企业所得税征收方式为查账征收。2016 年净资产 200 万元,2017 年净资产做到 400 万元。

盼石(上海)新材料科技股份有限公司规划在 2018 年申请高新技术企业,请问应该怎么规划?

第一个条件:成立一年以上且所得税征收方式为查账征收?

盼石公司预计在 2018 年申请高新技术企业,成立时间满足要求了。

第二个条件:是否有与产品相关的授权专利?

盼石公司 2016 年申请 6 件发明专利,预计在 2018 年高新申报前能授权。盼石公司有授权专利。

第三个条件:是否属于《国家重点支持的高新技术领域》规定的范围?

盼石公司属于高新技术领域的"四、新材料"领域。

第四个条件:科技人员是否 10% 以上?

我们规划盼石公司总共 20 个人,科技人员 3 个,占 15%。

第五个条件:研发是否达标?

盼石公司规划 2016 年销售做到 200 万元,研发费用做到 15 万元;2017 年销售做到 500 万元,研发费用做到 30 万元。研发费用构成可以由科技人员工资、其他费用(专利注册代理费,但不能超过 20%)等组成,公司研发活动在中国境内进行,做到这样就达标了。

注:研发费用比例:$6.43\% = (15+30)/(200+500) \times 100\%$

第六个条件:高新产品收入是否达标?

高新技术企业管理办法规定:高新技术产品(服务)收入占企业同期总收入的比例不低于 60%,盼石公司规划的上述销售,主要是新材料的销售,所以达标。

第七个条件：企业发生过重大安全、重大质量事故或严重环境违法行为吗？

公司未发生以上行为。

第八个条件：企业创新能力评价应该怎么规划？

企业创新能力评价4个方面：核心知识产权(30)、科技成果转化(30)、研究开发的组织管理水平(20)、企业成长性(20)。总分达到70分以上(不含70分)才符合要求。如果提前规划，至少要到80分以上。

(1) 核心知识产权：技术的先进程度4分，对主要产品(服务)在技术上发挥核心支持作用4分，知识产权数量8分，知识产权获得方式(自主研发)6分，没有参与标准制定，所以相加得22分。

(2) 科技成果转化能力：盼石公司可以规划多种产品种类、型号，申请的知识产权除了6件发明专利，另外还要申请4件知识产权，所以成果转化平均每年5个(公司成立2年)，得分28分。

(3) 研发组织管理水平：公司制度规划齐全，做研发辅助账，和高校合作研发项目等，得12分。

(4) 企业成长性：销售增长率=1/2×[(500−200)/200]×100%=75%；净资产增长率=1/2×[(400−200)/200]×100%=50%。所以得分20分。

综上所述，企业创新能力评价得分为82(22+28+12+20)分，符合要求。

企业同时满足以上八个条件，所以达到了申报高新技术企业的资质。

【案例二】

医学食品公司

2012年12月份注册成立，主要从事特殊医学食品的研发、销售。经过评判，企业主要产品发挥核心支持作用的技术属于《国家重点支持的高新技术领域》规定的范围。公司有21个员工，其中科技人员有8个。

医学食品公司知识产权情况：在2015年申请1件发明专利(2017年高新技术企业申报前预计能授权)，2016年申请1件发明专利。公司申请的专利与公司产品关联性强。

公司其他情况：企业所得税征收方式为查账征收。2014年销售收入十几万元，净资产不到100万元；2015年销售收入45万元，净资产是负的；2016年销售收入截至9月份已经发生几百万元。

公司规划在2017年申请高新技术企业，请问应该怎么规划？

第一个条件：成立一年以上且所得税征收方式为查账征收？

公司成立于2012年，时间满足要求了。

第二个条件：是否有与产品相关的授权专利？

公司2015年申请1件发明专利，预计在2017年高新申报前能授权。

第三个条件：是否属于《国家重点支持的高新技术领域》规定的范围？

公司产品属于生物与新医药领域,在规定范围内。

第四个条件:科技人员是否10%以上?

公司总共21个人,科技人员8个,占38%。

第五个条件:研发是否达标?

公司与北京工商大学合作研发,投入的大量研发资金,占销售比例5%以上,公司研发活动在中国境内进行,符合标准。

第六个条件:高新产品收入是否达标?

高新技术企业管理办法规定:高新技术产品(服务)收入占企业同期总收入的比例不低于60%,公司的上述销售,主要是特殊医学食品的销售,所以达标。

第七个条件:企业发生过重大安全、重大质量事故或严重环境违法行为吗?

公司未发生以上行为。

第八个条件:企业创新能力评价应该怎么规划?

企业创新能力评价4个方面:核心知识产权(30)、科技成果转化(30)、研究开发的组织管理水平(20)、企业成长性(20)。总分达到70分以上(不含70分)才符合要求,如果提前规划,至少要到80分以上。

(1)核心知识产权:技术的先进程度4分,对主要产品(服务)在技术上发挥核心支持作用8分,知识产权数量8分,知识产权获得方式(自主研发)6分,没有参与标准制定,所以相加得26分。

(2)科技成果转化能力:公司可以规划多种产品种类、型号,申请的知识产权有2件发明专利,所以远远不够,建议企业再申请4件发明专利和9件实用新型专利,达到15个成果转化,得分30分。

(3)研发组织管理水平:公司制度规划齐全,做研发辅助账,和高校合作研发项目等,得15分。

(4)企业成长性:销售增长率,由于企业截至2016年9月份已经产生几百万的销售,相对2015年45万的销售额度,预计增长多倍,得10分;净资产增长率,由于2015年净资产为负,得0分。所以此部分得分10分。

综上所述,企业创新能力评价得分为81(26+30+15+10)分,符合要求。如果只是产权不够,企业没有提前规划,比如就两件发明专利,那么得分为55(26+4+15+10)分,那么条件不满足,不能申报。

企业同时满足以上八个条件,达到了申报高新技术企业的资质。

8.4　纸质申请材料编制要求

在上海市高新技术企业认定管理工作网填报并下载高新技术企业认定申请书,并与相关附件材料合订成册,各种附件材料分类置于申请书后面。

所有纸质申报材料须按规定的顺序装订,逐页编制总页码,并在每份申报材料内提供材料总目录和相应的页码范围;在每一部分的标志页(使用彩页)上加本部分的分目录。

纸质材料须胶装,正反两面打印,只提供一份正本。

纸质申报材料内容须与系统填报内容一致,否则无法进入评审程序。

纸质材料中,财务报表和专项审计报告须是原件。

8.5 中介机构的资质要求与选择

专项审计报告或鉴证报告(以下统称"专项报告")应由符合以下条件的中介机构出具。企业可自行选择符合以下条件的中介机构。但是,自选的中介机构一定要符合以下条件,且每年上海市评审会根据审计所参与的审计项目统一汇总,然后检查差错率,责任双方共担。

1. 中介机构条件

(1) 具备独立执业资格,成立三年以上,近三年内无不良记录。

(2) 承担认定工作当年的注册会计师或税务师人数占职工全年月平均人数的比例不低于30%,全年月平均在职职工人数在20人以上。

(3) 相关人员应具有良好的职业道德,了解国家科技、经济及产业政策,熟悉高新技术企业认定工作有关要求。

2. 中介机构职责

接受企业委托,委派具备资格的相关人员,依据《认定办法》和《工作指引》客观公正地对企业的研究开发费用和高新技术产品(服务)收入进行专项审计或鉴证,出具专项报告。

3. 中介机构纪律

中介机构及相关人员应坚持原则,办事公正,据实出具专项报告,对工作中出现严重失误或弄虚作假等行为的,由认定机构在"高新技术企业认定管理工作网"上公告,自公告之日起3年内不得参与高新技术企业认定相关工作。

第九章
高新技术企业实证分析

9.1 企业概况

上海×××标识有限公司是由自然人王某和吴某共同投资成立的有限责任公司。公司成立于2005年,专注于金融机构、车辆连锁、商业地产、市政机构、餐饮连锁等行业的标识设计、研发、制造、安装和服务等业务。该公司致力于打造行业内最具活力的创新团队,并在上海、江苏设有生产基地,拥有最新标识生产设备和流水线。公司先后通过了ISO9001、ISO14001管理体系认证。公司的高级管理人员和中层管理人员大部分有多年管理经历,管理经验丰富。该公司对照《高新技术企业认定办法》进行自我评估之后,认为符合国家高新技术企业条件,于2016年向认定办公室申报高新技术企业。

9.2 自我评价

上海×××标识有限公司对照《认定办法》和《工作指引》进行自我评价。

其评价主要参照以下八大条件:

(1) 企业申请认定时须注册成立一年以上。

(2) 企业通过自主研发、受让、受赠、并购等方式,获得对其主要产品(服务)在技术上发挥核心支持作用的知识产权的所有权。

(3) 对企业主要产品(服务)发挥核心支持作用的技术属于《国家重点支持的高新技术领域》规定的范围。

(4) 企业从事研发和相关技术创新活动的科技人员占企业当年职工总数的比例不低于10%。

(5) 企业近三个会计年度(实际经营期不满三年的按实际经营时间计算,下同)的研究开发费用总额占同期销售收入总额的比例符合如下要求。

① 最近一年销售收入小于5 000万元(含)的企业,比例不低于5%;

② 最近一年销售收入在5 000万元至2亿元(含)的企业,比例不低于4%;

③ 最近一年销售收入在 2 亿元以上的企业,比例不低于 3%。

其中,企业在中国境内发生的研究开发费用总额占全部研究开发费用总额的比例不低于 60%。

(6) 近一年高新技术产品(服务)收入占企业同期总收入的比例不低于 60%。

(7) 企业创新能力评价应达到相应要求。

(8) 企业申请认定前一年内未发生重大安全、重大质量事故或严重环境违法行为。

9.3 核心自主知识产权

经过多年研究积累,企业拥有二十余项各类知识产权,包括发明专利、实用新型专利、外观设计专利。知识产权一览表如表 9-1 所示。

表 9-1 上海×××标识有限公司知识产权一览

序号	专 利 名 称	专利类型	专利获取时间	获取方式
1	一种阻燃铝塑板用芯层材料及其制备方法	发明专利	2017	自主研发
2	铝型材喷涂工艺	发明专利	2017	自主研发
3	一种内照式广告牌用光扩散板及其制备方法	发明专利	2016	自主研发
4	一种餐饮店招标识牌	实用新型	2016	自主研发
5	一种多功能标识牌	实用新型	2016	自主研发
6	一种高速标识牌	实用新型	2016	自主研发
7	一种高速道路路标指示牌	实用新型	2016	自主研发
8	一种楼内导向用的标识牌	实用新型	2016	自主研发
9	一种楼体广告标识牌	实用新型	2016	自主研发
10	一种旅游项目标识牌	实用新型	2016	自主研发
11	一种铝型材广告支架结构	实用新型	2016	自主研发
12	一种铝型材悬挂式广告支架结构	实用新型	2016	自主研发
13	一种悬挂式店招标识牌	实用新型	2016	自主研发
14	一种铝型材门框	实用新型	2015	自主研发
15	一种导向标志牌	实用新型	2015	自主研发
16	一种多功能店招广告牌	实用新型	2015	自主研发
17	一种户外广告牌	实用新型	2015	自主研发
18	一种店招广告牌	实用新型	2015	自主研发
19	一种户外广告灯箱	实用新型	2015	自主研发

续 表

序号	专 利 名 称	专利类型	专利获取时间	获取方式
20	一种防火铝塑板	实用新型	2015	自主研发
21	一种防火铝塑板墙体组件	实用新型	2015	自主研发
22	一种铝型材窗框结构	实用新型	2015	自主研发
23	一种新型导向标志牌	实用新型	2015	自主研发
24	一种多功能门牌	实用新型	2016	自主研发
25	型材	外观设计	2016	自主研发
26	墙体装饰贴(苹果树)	外观设计	2016	自主研发

从知识产权来看,公司符合高新技术企业八大条件的第二条:企业通过自主研发、受让、受赠、并购等方式,获得对其主要产品(服务)在技术上发挥核心支持作用的知识产权的所有权。

9.4 高新技术产品

公司产品可分为五大类,对应的高新技术领域如表9-2所示。

表9-2 上海×××标识有限公司产品分类

高新技术产品名称	对应高新技术领域
发光字	新材料技术
灯箱	新材料技术
展台	新材料技术
形象墙	新材料技术
楼顶字	新材料技术

对照《国家重点支持的高新技术领域》,上述高新技术产品均属于《国家重点支持的高新技术领域》中的第四项"新材料技术"的第(三)项"高分子材料"的第1条"新型功能高分子材料的制备及应用技术"的"导电、抗静电、导热、阻燃、阻隔等功能高分子材料的高性能化制备技术"。

从高新技术产品来看,公司符合高新技术企业八大条件的第三条:对企业主要产品(服务)发挥核心支持作用的技术属于《国家重点支持的高新技术领域》规定的范围。

9.5 科技与研发人员

公司现有职工37人,其中大专以上27人,占职工总数73%,本科以上10人。拥有中级以上技术职称2人(高级技术职称1人、中级技术职称1人)，初级技术职称的6人。目前已经拥有一批从事新产品、新结构、新工艺等项目的研究开发人员，其中技术人员16人，占职工总数的43.24%，其中材料研发部门的技术人员11人，设计部门人员5人。公司全部职工中，兼职和临时聘用人员人数为0。

公司十分重视科技创新、科技研发工作，不断招贤纳才，利用各种渠道进行技术培训。公司专业技术人员大多为材料、设计等专业，形成了专业完善的技术研发体系。在本领域中经验丰富、技术过硬、具有很强的研发实力，他们掌握最全面的核心技术，形成了以市场为导向的产品开发的格局，每一项新产品的开发都是建立在进行充分的技术查新分析和市场研究调查的基础之上，不断开拓创新，不断检测改进，研制设计符合市场需求的新产品。

从科技与研发人员来看，公司符合高新技术企业八大条件的第四条：企业从事研发和相关技术创新活动的科技人员占企业当年职工总数的比例不低于10%。

研究开发费用比例方面，公司2013—2015年年度研究开发费用总额明细如表9-3所示：

表9-3 上海×××标识有限公司2013—2015年年度研究开发费用总额明细表

(单位：万元)

年 度	RD01	RD02	RD03	RD04	RD05	合 计
2013	55.05	59.12	38.14	102.58	48.72	303.88
年 度	RD06	RD07	RD08			
2014	104.12	96.58	88.24			288.94
年 度	RD09	RD10	RD11			
2015	61.28	75.53	69.31			206.12

注：具体数据以审计报告为准。

研究开发费用比例明细表如表9-4所示：

表9-4 上海×××标识有限公司研究开发费用比例明细表

年度	2013	2014	2015	合 计
研究开发费用(万元)	303.88	288.94	206.12	798.94
销售收入(万元)	6 255.36	4 120.89	3 852.48	14 228.73
研发费用占比(%)	4.86	7.01	5.35	5.61

注：具体数据以审计报告为准。

该公司注重研发投入，2013—2015年总共投入研发798.94万元，对应的三年销售收入为14 228.73万元，研发费用总额占同期销售总额的比例为5.61%。企业11个研发项目全部为自主研发项目、在中国境内发生的研究项目。

公司2015年销售收入3 852.48万元,小于5 000万元,前三年研究费用798.94万元;研发占比为5.61%,大于5%,从研究开发费用比例来看,公司符合高新技术企业八大条件的第五条:

企业近三个会计年度(实际经营期不满三年的按实际经营时间计算)的研究开发费用总额占同期销售收入总额的比例符合如下要求:

(1) 最近一年销售收入小于5 000万元(含)的企业,比例不低于5%;
(2) 最近一年销售收入在5 000万元至2亿元(含)的企业,比例不低于4%;
(3) 最近一年销售收入在2亿元以上的企业,比例不低于3%。

其中,企业在中国境内发生的研究开发费用总额占全部研究开发费用总额的比例不低于60%;

9.6 高新技术产品收入

高新技术产品收入明细表如表9-5所示:

表9-5 上海×××标识有限公司产品收入明细表

产品名称	发光字	灯箱	展台	形象墙	楼顶字	合计
高新收入(万元)	515.81	485.27	613.85	812.40	288.51	2 715.84
总收入(万元)	/	/	/	/	/	3 860.98

如上表所示,公司高新技术产品收入为2 715.84万元,总收入为3 860.98万元。高新技术产品收入占总收入比例为70.34%。

从高新技术产品收入比例来看,公司符合高新技术企业八大条件的第六条:近一年高新技术产品(服务)收入占企业同期总收入的比例不低于60%。

9.7 四项指标评估

企业创新能力主要从知识产权、科技成果转化能力、研究开发组织管理水平、企业成长性四项指标进行评价。各级指标均按整数打分,满分为100分,综合得分达到70分以上(不含70分)为符合认定要求。

1. 知识产权(30分)

公司截至2016年申报高新技术企业,授权了1项发明专利,21项实用新型专利,2项外观设计专利。通过技术先进程度、知识产权数量、获得方式等方面进行评估,保守得分为24分。

具体评分细节如下：

(1) 技术的先进程度。

A. 高　(7—8分)

B. 较高(5—6分)

C. 一般(3—4分)

D. 较低(1—2分)

E. 无　(0分)

(2) 对主要产品(服务)在技术上发挥核心支持作用。

A. 强　(7—8分)

B. 较强(5—6分)

C. 一般(3—4分)

D. 较弱(1—2分)

E. 无　(0分)

(3) 知识产权数量。

A. 1项及以上(Ⅰ类)(7—8分)

B. 5项及以上(Ⅱ类)(5—6分)

C. 3—4项　　(Ⅱ类)(3—4分)

D. 1—2项　　(Ⅱ类)(1—2分)

E. 0项　　　　　(0分)

(4) 知识产权获得方式。

A. 有自主研发　　　　(1—6分)

B. 仅有受让、受赠和并购等(1—3分)

(5) 企业参与编制国家标准、行业标准、检测方法、技术规范的情况(此项为加分项，加分后"知识产权"总分不超过30分。相关标准、方法和规范须经国家有关部门认证认可。)

A. 是(1—2分)

B. 否(0分)

2. 科技成果转化能力(30分)

公司2013—2015年成果转化数量为24项，平均每年为8项，保守得分为29分。

具体评分细节如下：

依照《促进科技成果转化法》，科技成果是指通过科学研究与技术开发所产生的具有实用价值的成果(专利、版权、集成电路布图设计等)。科技成果转化是指为提高生产力水平而对科技成果进行的后续试验、开发、应用、推广直至形成新产品、新工艺、新材料，发展新产业等活动。

科技成果转化形式包括：自行投资实施转化；向他人转让该技术成果；许可他人使用

该科技成果;以该科技成果作为合作条件,与他人共同实施转化;以该科技成果作价投资、折算股份或者出资比例;以及其他协商确定的方式。

由技术专家根据企业科技成果转化总体情况和近3年内科技成果转化的年平均数进行综合评价。同一科技成果分别在国内外转化的,或转化为多个产品、服务、工艺、样品、样机等的,只计为一项。打分标准如下:

A. 转化能力强, ≥5项(25—30分)
B. 转化能力较强,≥4项(19—24分)
C. 转化能力一般,≥3项(13—18分)
D. 转化能力较弱,≥2项(7—12分)
E. 转化能力弱, ≥1项(1—6分)
F. 转化能力无, 0项(0分)

3. 研究开发组织管理水平(20分)

公司制度齐全,建有独立的研发费用核算体系,相关研发设施齐全。但是,公司没有与国内外研究开发机构开展产学研合作,也没有建立开放式的创新创业平台,保守得分为14分。

具体评分细节如下:

(1) 制定了企业研究开发的组织管理制度,建立了研发投入核算体系,编制了研发费用辅助账(≤6分);

(2) 设立了内部科学技术研究开发机构并具备相应的科研条件,与国内外研究开发机构开展多种形式产学研合作(≤6分);

(3) 建立了科技成果转化的组织实施与激励奖励制度,建立开放式的创新创业平台(≤4分);

(4) 建立了科技人员的培养进修、职工技能培训、优秀人才引进,以及人才绩效评价奖励制度(≤4分)。

4. 企业成长性(≤20分)

近三年企业净资产与销售收入情况如表9-6所示:

表9-6 近三年企业净资产与销售收入情况

年 度	2013	2014	2015
净资产(万元)	1 441.85	1 438.89	3 290.51
销售收入(万元)	6 255.36	4 120.89	3 852.48

数据代入公式,计算后得出,净资产平均增长率为64.34%,销售收入增长率为-20.32%,故保守得分为10分。

具体评分细节如下:

由财务专家选取企业净资产增长率、销售收入增长率等指标对企业成长性进行评价。企业实际经营期不满三年的按实际经营时间计算。计算方法如下：

(1) 净资产增长率。

净资产增长率＝1/2(第二年末净资产÷第一年末净资产＋

第三年末净资产÷第二年末净资产)－1

净资产＝资产总额－负债总额

资产总额、负债总额应以具有资质的中介机构鉴证的企业会计报表期末数为准。

(2) 销售收入增长率。

销售收入增长率＝1/2(第二年销售收入÷第一年销售收入＋

第三年销售收入÷第二年销售收入)－1

企业净资产增长率或销售收入增长率为负的，按0分计算。第一年末净资产或销售收入为0的，按后两年计算；第二年末净资产或销售收入为0的，按0分计算。

以上两个指标(净资产增长率与销售收入增长率)分别对照表9-7评价档次(ABCDEF)得出分值，两项得分相加计算出企业成长性指标综合得分。

表9-7 企业成长性指标综合得分表

成长性得分(分)	指标赋值(分)	得 分(分)					
		≥35%	≥25%	≥15%	≥5%	>0	≤0
≤20	净资产增长率 ≤10	A 9—10	B 7—8	C 5—6	D 3—4	E 1—2	F 0
	销售收入增长率 ≤10						

综上，四项指标评估得分为24＋29＋14＋10＝77分，大于71分。从四项指标来看，公司符合高新技术企业八大条件的第七条：企业创新能力评价应达到相应要求。

9.8 总体评价

上述分别从高新技术企业八大条件分析，其中6个条件已经满足。还剩两个条件，分别为"(一)企业申请认定时须注册成立一年以上"和"(八)企业申请认定前一年内未发生重大安全、重大质量事故或严重环境违法行为"，显而易见，公司也满足这两个条件，故企业可以着手申报高新技术企业。

第十章 科技小巨人工程

10.1 关于印发《上海市科技小巨人工程实施办法》的通知

关于印发《上海市科技小巨人工程实施办法》的通知

沪科合〔2015〕8号

各有关单位:

为大力实施创新驱动发展战略、加快建设具有全球影响力的科技创新中心,打造一大批具有国内外行业竞争优势的科技小巨人企业,上海市科学技术委员会会同上海市经济和信息化委员会对《上海市科技小巨人工程实施办法》(沪科合〔2007〕第012号)进行了修订。现予印发,请遵照执行。

特此通知。

附件:上海市科技小巨人工程实施办法

上海市科学技术委员会
上海市经济和信息化委员会
2015年6月16日

附件

上海市科技小巨人工程实施办法

第一章 总则

第一条 为大力实施创新驱动发展战略、进一步推动科技型中小企业的自主创新,提高企业核心竞争力,打造一大批具有国内外行业竞争优势的科技小巨人企业,加快建设具有全球影响力的科技创新中心,依据《中华人民共和国中小企业促进法》《科技部关于进一步推动科技型中小企业创新发展的若干意见》(国科发高〔2015〕3号)《上海市科技型中小企业技术创新资金管理办法》(沪科〔2013〕25号)制定本办法。

第二条 科技小巨人工程的实施对象,是指从事符合国家和本市产业发展方向的高新技术领域产品开发、生产、经营和技术(工程)服务的科技型企业。其应有:较完善的企业创新体系、创新机制及与之相适应的科研投入;自主知识产权的品牌产品;一定的经济规模和良好成长性;良好的信用和较强的融资能力。其特征为创新型、规模型与示范性。

第三条 科技小巨人工程采取市区(县)联动方式。

本市各区(县)科学技术委员会〔以下简称"区(县)科委"〕负责本地区科技小巨人工程的组织申报、会同区(县)产业行政管理部门(以下简称"区(县)产业部门")审核推荐,实施管理。

上海市科学技术委员会(以下简称"市科委")会同上海市经济和信息化委员会(以下简称"市经信委")负责科技小巨人工程的规划、立项、评估和监管等工作。

第二章 支持对象与条件

第四条 面向本市范围内工商注册登记、具有独立法人资格,经认定的高新技术企业。

第五条 科技小巨人工程支持对象分为两类:科技小巨人培育企业与科技小巨人企业。

第六条 申请科技小巨人培育企业主要条件:

(一)制造类企业的研发人员人数不低于企业当年职工总数的10%,软件或科技服务类企业的研发人员人数不低于企业当年职工总数的30%;

(二)企业近三个会计年度的研究开发费用总额占主营业务收入总额的比例不低于5%;

(三)制造类企业上年度主营业务收入在3 000万元至1亿元之间,软件或科技服务类企业上年度主营业务收入在2 000万元至6 000万元之间;且企业前三年主营业务收入或净利润的平均增长率在20%以上;

(四)企业有强健的经营管理团队,健全的财务制度,较强的市场应变能力,灵活的激励机制。

第七条 申请科技小巨人企业主要条件:

(一)制造类企业的研发人员人数不低于企业当年职工总数的20%,软件或科技服务类企业的研发人员人数不低于企业当年职工总数的50%;

（二）企业近三个会计年度的研究开发费用总额占主营业务收入总额的比例不低于5%；

（三）制造类企业上年度主营业务收入在1亿元至10亿元之间，软件或科技服务类企业上年度主营业务收入在6 000万元至10亿元之间；且企业前三年主营业务收入或净利润的平均增长率在20%以上；

（四）企业应有研发机构（技术中心、实验室、测试平台等）、研发计划及与之相适应的知识产权保护、人才培养（含引进）、创新激励等运作机制和较完善的规范化管理制度，并有良好的经营管理团队，有较强的风险控制机制和健全的规章制度。

第三章　支持方式与实施周期

第八条　科技小巨人工程是支持上海市科技型中小企业持续开展技术创新的一项重要工作。市级财政资金采取事前立项事后补助方式，申请企业根据当年度申报通知要求提出申请，在市科委立项后，按照创新能力提升的需要，先行投入资金开展科技创新活动，在取得成果并通过验收评估后获得市科委相应补助。

第九条　市级财政资金按照不超过实施周期内相关研发支出20%的比例给予补助，科技小巨人企业的补助额度最高不超过150万元/家，科技小巨人培育企业补助额度最高不超过100万元/家。区（县）财政资金按1∶1的比例给予配套补助。

第十条　科技小巨人工程的实施周期不超过3年。

第四章　申请、受理与推荐

第十一条　市科委每年度上半年向社会公开发布科技小巨人工程申报通知，明确申报开始时间、申报截止时间等相关要求。

第十二条　符合科技小巨人（含培育）企业条件者，均可按市科委每年通知要求，登录"上海科技"网站填报并提交下列申请材料，向所在区（县）科委申报，同时应对所提供材料的真实性、完整性、有效性和合法性负责，接受有关部门的监督检查。

（一）上海市科技小巨人企业（含培育）申请书；

（二）有效期内的高新技术企业资格证书（复印件）；

（三）涉及特殊行业的，需提供相关许可证；

（四）近三个会计年度企业审计报告复印件（需上传原件）；

（五）财务及相关规范化管理制度；

（六）研发机构建设相关证明材料（申报科技小巨人企业必须提供）；

（七）企业认为需要提供的其他证明材料。

第十三条 各区(县)科委应会同区(县)产业部门按本办法第六、第七条申报主要条件的规定,对申报企业严格审核,将符合条件的科技小巨人培育企业与科技小巨人企业予以受理、分类汇总后向市科委推荐。

第五章 评审与立项

第十四条 市科委会同市经信委委托第三方专业机构开展立项评审。评审工作采取专家网上评审与会议评审相结合的方式进行,必要时辅以现场考察。

第十五条 市科委会同市经信委按照科学公正、竞争择优的原则,根据专家评审意见,形成拟立项名单,通过门户网站向社会公示,公示期为7个工作日。经公示没有异议的,办理立项手续;对有异议的项目进行复核审查,情况属实的取消立项资格。

第十六条 市科委会同市经信委在收到各区(县)推荐部门的推荐建议后60个工作日内作出立项决定,并通过门户网站向社会公告。

第十七条 获得立项的科技小巨人企业,由市科委和市经信委共同发放"上海市科技小巨人企业"立项证明。

第六章 管理、服务与验收评估

第十八条 各区(县)科委会同区(县)产业部门负责本辖区内科技小巨人(含培育)企业的监督管理,协助解决企业在实施过程中遇到困难与问题。

第十九条 市科委围绕科技小巨人(含培育)企业发展的创新需求,在科技金融、技术转移转化、全球化发展、协同创新、人才培养等方面,搭建科技创新服务平台,鼓励社会服务机构为其提供融资、并购与上市,技术转移和知识产权管理,海外市场拓展,产学研合作与产业链协同,企业家与专业人才培育等专业化服务。

第二十条 科技小巨人工程实施期结束后,由该企业向区(县)科委提交书面的验收评估申请与总结报告;市科委会同市经信委委托专业机构开展验收评估工作。验收评估主要包括财务审计和执行情况评价环节。不参加验收评估的企业,视为自动放弃资金补助。

(一)科技小巨人工程验收评估坚持公正、公开、公平的原则。在验收评估工作中,对于专业机构和相关专家存在违规违纪行为的,一经查实,市科委视情节轻重,给予批评、通报、取消其参与验收评估相关工作资格等处理;对于参评企业在项目验收评估工作中弄虚作假或存在营私舞弊行为的,一经查实,市科委将视情节轻重,予以批评、通报、取消其项目补助。对违反国家法律的行为,按有关法律处理。

(二)财务审计事项主要包括:财务管理制度执行情况,研发资金到位和支出情况,实施期内营收状况,会计核算和财务信息情况等。

(三)执行情况评价主要包括:企业成长能力、创新能力、市场竞争能力和社会贡献能力等。

（四）执行情况评价按领域分组开展，主要采取集中现场评议的形式，采用定性和定量结合的评分方式。

（五）市科委在门户网站上公布评估结果，并以书面形式向参评的科技小巨人（含培育）企业反馈评估专家意见。评估结果分"优秀""良好""合格""不合格"四类。"优秀""良好"类科技小巨人（含培育）企业比例为60%；评估得分为60分以下的为"不合格"科技小巨人（含培育）企业。

1. 评估结果为"优秀""良好""合格"的，给予一定的经费补助，其中对于"优秀"类科技小巨人培育企业，达到本办法第七条申报科技小巨人企业主要条件规定的，可优先获得下年度科技小巨人企业立项支持。

2. 评估结果为"不合格"的，取消资金补助。

第二十一条　科技小巨人（含培育）企业在实施期和验收评估后5年内有义务配合市科委开展科技创新成果统计调查等工作。

第七章　附则

第二十二条　本办法自2015年7月1日起施行，有效期至2020年6月30日。

10.2　上海市科技小巨人企业（含培育）申请书

上海市科技小巨人企业（含培育）申请书

申请类别　_____

企业名称　_____（盖章）

通讯地址　_____

联系电话　_____　邮政编码_____

E-mail　_____

联 系 人　_____　手机_____

推荐单位　_____

上海市科学技术委员会　上海市经济和信息化委员会
二〇一六年十二月　联合印制

填 写 说 明

一、本填写说明仅供上海市科技小巨人企业(培育企业)申请书使用。

二、申请企业应根据申请书中明确要求逐项认真填写,内容叙述文字简练、简明扼要,书写一律打印。

三、申请类别指：企业申请"科技小巨人企业"或"科技小巨人培育企业"。

四、研究开发费用：指企业用于技术创新的支出,含产品的技术研发、小(中)试研究、技术(工程)中心建设、实验室、测试平台、技术引进(含无形资产)、知识产权保护、人才培养等支出的全部费用。

五、表中"高新技术企业"系指国家认定的高新技术企业。

六、企业申请书底页中,应有所在地区科技主管部门的推荐意见及加盖公章。

七、申请书须附上规定的有关附件资料,电子版的附件企业需自行扫描附上(详见附件材料要求)。

八、申请书报送要求：书面材料一式二份和电子文本一份。电子文本通过网络递交。申请企业必须确保书面材料和电子文本的一致性。

九、装订要求：纸质申请书请使用A4纸双面印刷,装订平整,勿用胶圈、文件夹等带有凸出棱边的装订方式；采用普通纸质材料作为封面；资料排序应按前申请书、后附件材料(应附清单)装订成册。

一、单位(企业)基本情况

单位(企业)名称				注册地行政区划		
单位(企业)代码	□□□□□□□□-□			电子邮件		
通讯地址				邮 编		
单位(企业)法人代表情况	姓 名	性 别	□身份证号 □护照 □军官证	最高学历	任现职时 间	手机
联 系 人		电 话		传 真		
科研部门电子邮件				财务部门电子邮件		
开户银行				开户名		
账 号						
单位隶属	□□	01. 中央单位		02. 地方单位		

续 表

注册登记 类　型	□□ 01. 国有企业 02. 集体企业 03. 私营企业 04. 联营企业 05. 股份合作企业		06. 外商投资企业 07. 有限责任公司 08. 股份有限公司 09. 港、澳、台商投资企业 10. 国家机关	11. 高等院校 12. 研究院所 13. 社会团体 14. 其他	
年末从业人员 合计	人	大专以上	人	从事科技 活动人员	人
单位中层以上管理 人员总数		人	其中大学本科以上人员数		人
企业上年末财务情况,新企业填写申报前一月的财务情况					
企业注册资金		万元	其中外资(含港澳台)比例		%
企业注册时间				年　　月　　日	
企业总收入		万元	企业净利润		万元
主营业务收入		万元	企业创汇总额		万美元
总资产		万元	总负债		万元
企　业 特　性	□□□□□(请将下列符合企业情况的代码填入空格内,最多填5项) 0. 国家科技产业化基地内企业　　　5. 科研院所整体转制企业 1. 认定的高新技术企业　　　　　　6. 国家高新区内的企业 2. 高等院校办的企业　　　　　　　7. 孵化器内的企业 3. 科研院所办的企业　　　　　　　8. 其他 4. 海外归国留学人员办的企业				

单位需要说明的问题：

是否科技小巨人培育已验收合格企业□是　□否　项目编号：
是否科技型中小企业技术创新资金支持过的企业□是　□否　项目编号：

所属 行业	

续　表

企业知识产权情况（所列情况需提供相关附件证明）	已获专利授权数		其中发明专利数	
	正在申请专利数		其中发明专利数	
	已获软件版权数		已获集成电路布图设计数	
	有效注册商标量		著名商标或驰名商标量	
	国家标准数		行业标准数	
	企业标准数		专有技术数	

企业知识产权情况描述（所列情况需提供相关附件证明）

主要股东及所占股权比例（注：企业的股权比例必须100%填满。对于自然人股东过多的企业，填写股份较大的股东，其余小股东请合并起来填写）

序号	股东名称（全称）	是否上市公司	是否境外公司或外籍	所占股份（%）	投资方式
1		□是　□否	□境外　□外籍　□否		
2		□是　□否	□境外　□外籍　□否		
3		□是　□否	□境外　□外籍　□否		
4		□是　□否	□境外　□外籍　□否		
5		□是　□否	□境外　□外籍　□否		
外资部分所占股份总和（%）			上市企业所占股份总和（%）		
中文关键词（用分号分开，最少3个，最多5个）					
英文关键词（用分号分开，最少3个，最多5个）					
中文摘要（限400字）					

续 表

- 简述主要产品、经营业绩、行业中的地位与竞争优势：

- 简述组织结构、领军人物、管理团队（主要负责人经历与业绩等）：

- 简述企业创新能力建设情况（已掌握的关键技术创新或商业模式创新，创新机制和创新硬件建设，研发团队，近三年重点创新项目开发及其新产品上市情况，承担国家或地方科研项目等）：

- 简述企业现有生产经营管理及相关制度化情况：

- 简述企业发展的重要阶段：

- 简述今后发展思路（主要描述企业提高核心竞争力和可持续发展能力的思路，包括：创新模式：以产品研发创新为主，或运用新技术、新业态、新模式实现企业或产品转型；创新途径：企业创新国际化、产学研长期战略合作、产学研项目合作、技术转移、引进消化吸收、留学生自主技术、企业自主开发等；创新激励机制；企业发展规划和技术路线图制定情况；吸纳融投资情况，有无上市计划等）：

二、企业近三年财务状况（以 2017 年填制为时间基准） （单位：万元）

年　　度	2014	2015	2016
主营业务收入			
其中：产品销售收入			
其他技术性收入			
净利润			
缴税总额			
企业创汇总额（万美元）			
3 年销售收入平均增长率（%）			
3 年净利润平均增长率（%）			
总资产			

续 表

年　　度	2014	2015	2016
总负债			
固定资产净值			
流动资产			
流动负债			
所有者权益			
资产负债率(%)			
研究开发费用			
研究开发费用总额占主营业务收入总额比(%)			
特殊情况说明：			

备注："3年销售收入平均增长率"和"3年净利润收入平均增长率"的计算依据是2014、2015年度、2016年度的财务会计报告。

三、企业科技创新活动实施目标

● 实施周期：2017年1月—2018年12月

● 实施期内企业创新能力提升目标：围绕企业提高核心竞争力和可持续发展的思路，主要包括：1. 企业产品(或服务)的创新成果；2. 形成的实验室、研发机构，中试线等工程化平台，生产线及其规模等；3. 企业创新团队及激励机制建设；4. 企业经营能力和成长性；5. 社会效益指标；6. 企业创新国际化建设及在产业细分领域的市场地位。

具体实施目标(2年)：

	目标内容	2017年	2018年
企业主要经营目标	主营业务收入(万元)		
	其中产品(或服务)销售收入(万元)		
	净利润(万元)		
	缴税总额(万元)		
	出口总额(万美元)		
	研究开发费用(万元)		
	2年销售收入平均增长率(自动计算,%)		
	2年净利润平均增长率(自动计算,%)		

续　表

自主知识产权实施目标(填写实施期内新增数)	专利申请数(件)		软件版权数(件)	
	专利授权数(件)		集成电路布图设计数(件)	
	其中：发明专利数(件)		国家标准数(件)	
	有效注册商标量(件)		行业标准数(件)	
	著名商标或驰名商标量(件)		企业标准数(件)	

四、科技小巨人(培育)企业创新体系建设资金补贴申请

实施期内研究开发费用总额：		万元 （等于2017年、2018年研究开发费用之和）		
申请专项经费(万元)		企业自筹经费说明：(提供相关证明文件作为附件,相关证明为：银行对账单、存款证明、大额销售合同,证明金额无须大于研究开发费用总额)		
企业自有货币资金(万元)				
银行贷款(万元)				
其他渠道获得的资金(万元)				
其中：申请区级配套经费(万元)				
研究开发费用主要用途	金额(万元)	用途	金额(万元)	
(一)直接费用		7. 国际合作与交流费		
1. 设备费		8. 出版/文献/知识产权事务费		
其中：购置和试制设备费		其中：知识产权购买费用		
设备改造与租赁费		9. 劳务费		
2. 材料费		其中：科研人员		
3. 测试化验加工费		引进人才		
4. 燃料动力费		10. 产学研合作(以合作协议为准)		
5. 差旅费		11. 其他费用		
6. 会议费		(二)间接费用		

企业申请说明
本企业申报材料内容可靠,相关数据真实。本企业承诺对申报材料内容的真实性承担法律责任。

（公　章）

法定代表人(授权人)签章：
　　　　　　　　　　年　月　日

续 表

推荐单位意见： （公　　章）	负责人签章： 　　年　月　日
上海市科学技术委员会、上海市经济和信息化委员会联审意见： 　　　　　　　　（市科委公章）　　　　（市经信委公章） 　　　　　　　　　　　　　　　　　　　　　　年　月　日	
附件材料： 　1. 有效期内的高新技术企业资格证书（复印件）； 　2. 涉及特殊行业的，需提供相关许可证； 　3. 近三个会计年度的财务会计报告复印件（提交与高新技术企业认定或复审一致的财务会计报告，并上传原件）； 　4. 财务及相关规范化管理制度； 　5. 研发机构建设相关证明材料（申报科技小巨人企业必须提供）：研发中心、实验室的图片，或国家、市、区认定过的重点实验室、技术中心等证明材料复印件； 　6. 企业认为需要提供的其他证明材料。	

10.3　上海市2017年度"科技企业创新能力提升计划"项目申报工作的通知

关于开展上海市2017年度"科技企业创新能力提升计划"项目申报工作的通知

浦东科经委、各区科委及有关单位：

　　为激发科技型中小企业技术创新活力，营造良好的创新创业环境，根据《上海市科技型中小企业技术创新资金管理办法》（沪科〔2013〕25号）和《上海市科技小巨人工程实施办法》（沪科合〔2015〕8号），上海市科学技术委员会（以下简称"市科委"）将启动2017年度上海市"科技企业创新能力提升计划"项目申报工作，现将有关事宜通知如下：

　　一、申请须知

　　（一）申请类型

　　1. 育苗工程

　　2. 小微企业成长工程（科技型中小企业技术创新资金），具体支持类型包括技术创新项目和创投联动项目。

3. 科技小巨人工程,由市科委与上海市经济和信息化委员会(以下简称"市经信委")共同实施,具体支持类型包括科技小巨人培育企业和科技小巨人企业。

(二)申请要求

1. 支持对象

育苗工程支持尚未在国内注册成立企业的、拥有科技创新成果和创业计划的创业团队。

其他两类计划支持已在本市范围内工商注册登记、具有独立法人资格,从事高新技术产品研发、制造、生产及服务等业务,无知识产权纠纷,无不良记录的非上市科技企业。

2. 基本条件

(1) 申请企业应承诺并落实不少于市区两级申请资金总额的自筹资金。

(2) 已作为项目负责人承担市科委在研项目2项及以上者,不得作为项目负责人申报;同一项目已通过其他渠道申请或获取市级财政性资金支持的,应主动申明。

(3) 同一企业同一年度只能选择一种类型进行申报。

(4) 每种申请类型的具体申请条件、申请材料、资助标准和资助方式等要求详见附表。

(三)申请企业对申请材料的真实性进行审核,承诺所提交材料的真实性,不含涉密内容。

(四)申请企业经评审获得立项后,市级财政资金采取前补助、后补助等多种方式支持科技企业的技术创新活动。各区政府予以配套资助,具体额度如下:

1. 小微企业成长工程立项项目:技术创新项目按不低于其实际获得的市拨付经费额度予以配套;鼓励各区政府对创投联动项目予以一定额度的配套资助。

2. 科技小巨人工程立项项目:各区政府按照1∶1的比例予以配套资助。

项目实施周期内,立项企业可根据自身发展诉求,依申请获得创业服务、技术转移、科技金融、全球化发展、协同创新、人才培养等方面的信息及平台服务。

二、申报者权利

申请企业若提出回避专家申请的,须在提交申请书等书面材料的同时,出具公函提出回避专家名单,并说明理由。每个申请企业申请回避专家人数不超过3人。对于理由不充分或逾期提出申请的,不予采纳。

三、申报方式

(一)本通知公开发布。

申请企业通过"中国上海"门户网站(http://www.shanghai.gov.cn/)进入"上海市财政科技投入信息管理平台",按系统提示在线填写、提交《上海市科技企业统计年报》和申报书,并上传相关附件。

育苗工程通过"创新在上海"国际创新创业大赛官方网站报名,网址:http://cyds.shtic.com。

(二)项目网上填报起止日期。

1. 育苗工程。

(1)第一季:2017年2月28日9:00至2017年3月23日16:30。

(2)第二季:2017年7月20日9:00至2017年8月20日16:30。

2. 小微企业成长工程:2017年2月28日9:00至2017年3月23日16:30。

3. 科技小巨人工程:2017年3月31日9:00至2017年4月28日16:30。

(三)区科技行政部门对所辖区内的申报项目进行在线初审,并择优推荐,形成项目初审及推荐意见汇总表。

(四)获得拟立项资助的企业需将书面材料(一式二份)报送至注册地区科技行政部门,签章齐全并与网上提交电子文档内容一致方视为有效申请。所有书面材料需采用A4纸双面打印,使用普通纸质材料作封面,不采用胶圈、文件夹等带有突出棱边的装订方式。

市科委办事大厅集中接收拟立项企业的书面材料(接收时间另行通知)。

市科委办事大厅地址:徐汇区钦州路100号1号楼。

办事大厅不接收以邮寄或快递方式送达的书面材料。

(五)网上填报备注。

1. 登陆"中国上海"门户网站(http://www.shanghai.gov.cn/)。

2. 网上政务大厅-审批事项-点击"上海市财政科技投入信息管理平台"图片链接进入申报页面。

【账户注册】转入注册页面进行单位注册,然后再进行申报账号注册(单位注册需使用"法人一证通"进行校验)。

【初次填写】使用申报账号登录系统,转入申报指南页面,点击相应的指南专题后开始申报项目。

【继续填写】登录已注册申报账号、密码后继续该项目的填报。

3. 有关操作可参阅在线帮助。

四、评审方式

申报项目评审采取大赛路演、网上评审、会议评审等方式,必要时辅以现场考察。届时请申报单位做好相关准备。

市科委根据评审结果,选定实施计划数,并予以公示、公告。其中,科技小巨人工程由市科委会同市经信委确定实施计划数。

五、其他说明

本通知经评审立项的项目承担单位,须在项目验收时一并提交科技报告和科技报告收录证书。

六、咨询电话

服务热线：8008205114（座机）

4008205114（手机）

技术支持：62129099-2257

特此通知。

附件：

1. 上海市科技型中小企业技术创新资金项目申报书
2. 上海市科技小巨人企业（含培育）申请书
3. 创业投资机构登记要求

上海市科学技术委员会
2017年2月20日

附表

2017年度"科技企业创新能力提升计划"项目申请须知（部分）

项目类别	支持对象	申报条件	填报并上传材料	资助方式	网上填报时间	评审方式
科技小巨人培育企业	本市范围内工商注册登记、具有独立法人资格，经认定的非上市高新技术企业。	见下文	1.《上海市科技小巨人企业（含培育）申请书》； 2. 有效期内的高新技术企业资格证书（复印件）； 3. 近三个会计年度企业审计报告复印件（需上传原件）； 4. 财务及相关规范化管理制度； 5. 研发机构建设相关证明材料（申报科技小巨人企业必须提供）； 6. 涉及特殊行业的，需提供相关许可证； 7. 企业认为需要提供的其他证明材料。	1. 科技小巨人企业的补助额度最高不超过150万元/家，科技小巨人培育企业补助额度最高不超过100万元/家； 2. 实施期不超过2年，实施期结束后评估结果为"优秀""良好""合格"的给予一定的经费补助，评估结果为"不合格"的取消资金补助； 3. 资金用于补贴与创新能力提升有关的研发投入。	3月31日9:00至4月28日16:30	会议答辩和网络评审，必要时辅以现场考察。
科技小巨人企业		见下文				

科技小巨人培育条件：

（1）上年度营业收入，制造类企业3 000万元—1亿元、软件或科技服务类企业2 000万—6 000万元，且前三年营业收入或净利润平均增长率在20%以上；

（2）近三个会计年度的研发费用总额占营业收入总额的比例不低于5%；

（3）研发人员占当年职工总数的比例，制造类企业不低于10%，软件或科技服务类企业不低于30%；

（4）具有强健的经营管理团队，健全的财务制度，较强的市场应变能力，灵活的激励机制。

科技小巨人条件：

（1）上年度营业收入，制造类企业1亿—10亿元、软件或科技服务类企业6 000万元—10亿元，且前三年营业收入或净利润的平均增长率在20%以上；

（2）近三个会计年度的研发费用总额占营业收入总额的比例不低于5%；

（3）研发人员占当年职工总数的比例，制造类企业不低于20%，软件或科技服务类企业不低于50%；

（4）拥有研发机构、研发计划及与之相适应的知识产权保护、人才培养（含引进）、创新激励等运作机制和较完善的规范化管理制度，并有良好的经营管理团队，有较强的风险控制机制和健全的规章制度；

（5）验收评估"优秀"类的科技小巨人培育企业达到科技小巨人企业条件的优先支持。

参考文献

1. 课题组,《高新技术企业认定实务手册(试用版)》,立信会计出版社,2014年。
2. 徐志远、巩燕楠,《高新技术企业知识产权管理》,知识产权出版社,2017年。
3. 王莲峰,《商标法学》,北京大学出版社,2007年。
4. 王健平,《中小型高新技术企业经营战略研究》,北京交通大学专业硕士学位论文,2008年。
5. 张锐,《商标实务指南》(第二版),法律出版社,2017年。
6. 董静,"高新技术企业的申请与认定管理",《中国高新技术企业》,2016年第36期。
7. 罗莹,"科技成果转化路在何方",《学习时报》,2016年第7期。
8. 李竞强、康苏媛、马虎兆等,"国家高新技术企业认定新政解读及应对措施",《天津科技》,2016年第43期。

后　　记

《国家高新技术企业认定实务教程》历经两年时间撰稿及修改,并通过自身参与的案例进行鲜活评析,至今终于能与大家见面。

在此期间,感谢陈鹤、杨小艳、史张洁、徐斌、曾蓉撰写初稿及确定;感谢上海金泛斯标识有限公司给予案例的支持;感谢雄九集团张启明董事长给予本书研究方向的指导;感谢华东政法大学李秀娟教授给予真诚的意见;感谢复旦出版社姜作达编辑给予悉心的整理及修改。

本书编写可能会挂一漏万、认识不足,若有疏漏瑕疵,敬请各界人士雅正。

图书在版编目(CIP)数据

国家高新技术企业认定实务教程/黄小栋编著. —上海:复旦大学出版社,2018.4 (2020.8 重印)
ISBN 978-7-309-13568-8

Ⅰ. 国… Ⅱ. 黄… Ⅲ. 高技术企业-认定-中国-教材 Ⅳ. F279.244.4

中国版本图书馆 CIP 数据核字(2018)第 036596 号

国家高新技术企业认定实务教程
黄小栋　编著
责任编辑/姜作达

复旦大学出版社有限公司出版发行
上海市国权路 579 号　邮编:200433
网址: fupnet@fudanpress.com　http://www.fudanpress.com
门市零售: 86-21-65102580　团体订购: 86-21-65104505
外埠邮购: 86-21-65642846　出版部电话: 86-21-65642845
常熟市华顺印刷有限公司

开本 787×1092　1/16　印张 9.25　字数 187 千
2020 年 8 月第 1 版第 2 次印刷

ISBN 978-7-309-13568-8/F・2450
定价:50.00 元

如有印装质量问题,请向复旦大学出版社有限公司出版部调换。
版权所有　　侵权必究